Doris Iding

Die Angst, der Buddha und *ich*

Doris Iding

Die Angst, der Buddha und *ich*

nymphenburger

© 2013 nymphenburger in der
F. A. Herbig Verlagsbuchhandlung GmbH, München
Alle Rechte vorbehalten.
Schutzumschlag: atelier-sanna.com, München
Motiv: corbis, Düsseldorf
Satz: Buch-Werkstatt GmbH, Bad Aibling
Gesetzt aus: Sabon 10,6/14 pt
Druck und Binden: GGP Media GmbH, Pößneck
Printed in Germany
ISBN 978-3-485-01405-2
Auch als ebook

www.nymphenburger-verlag.de

*Mögen alle Wesen frei sein von Angst
Mögen alle Wesen glücklich sein*

*Der Mensch gleicht einem Gästehaus.
Jeden Tag neue Gesichter.
Augenblicke der Freude, der Niedergeschlagenheit,
der Niedertracht, alles unerwartete Besucher.*

*Heiße sie willkommen,
selbst den puren Ärger,
der die Einrichtung deines Hauses
kurz und klein schlägt.*

*Vielleicht räumt er dich leer für
eine neue Freude.
Behandle jeden Gast respektvoll.*

*Den finsteren Gedanken, die Scham,
die Bosheit, begrüße sie mit einem Lachen
an der Tür und bitte sie hinein.*

*Danke jedem für sein Kommen,
denn sie alle haben dir etwas
Wichtiges mitzuteilen.*

DSCHALAL AD-DIN AL-RUMI
(Persischer Mystiker, Dichter und Sufi-Meister)

Inhalt

Aufgewacht! 11
Das eigene Leben unter die Lupe nehmen 16
Die Siebenmeilenstiefel ausziehen 23
Boden unter den Füßen 24
Auf neuen Wegen wandeln 29
Übung: Halten Sie sich......................... 31
Wiedersehen mit dem Buddha 32

Auf Tuchfühlung mit der Angst 42
Die Leiche im Wald 51
Mara, der Gott des Bösen 55
Der Mönch und die Angst 55
Der Buddha und Mara 56
Gesunde Angst –
  ein überlebenswichtiges Gefühl 58
Die Angst als Triebfeder 60
Jede Zeit hat ihre Ängste 62
Jeder Mensch hat Angst 63
Verschiedene Formen der krankhaften Angst 65
Zunahme von Ängsten 69
Der Flug 71

**Der Buddha, der Schmerz und der
Weg aus dem Leid** 74
Die erste Edle Wahrheit: Leben ist Leid 76

Die zweite Edle Wahrheit:
  Es gibt Ursachen für das Leid 81
Die dritte Edle Wahrheit:
  Es gibt ein Ende des Leidens 83
Die vierte Edle Wahrheit:
  Es gibt einen Weg aus dem Leid 85
Sei dir selbst ein Licht auf dem Weg aus dem Leid .. 86

Mit der Hilfe des Buddha die Angst meistern 90
Im Körper ankommen 98
ACHTSAMKEIT ENTWICKELN 101
Übung: Aufblicken und umschauen 105
Ein Feld der Achtsamkeit aufbauen 106
Achtsames Erden 110
Übung: Gehen wie ein Buddha 113
Die Atmung vertiefen 113
Übung: Den Atemanker auswerfen 120
Übung: Angst verwandeln 122
Übung: Im Atem loslassen 124
MITGEFÜHL ENTWICKELN 125
Der Kampf gegen mich selbst 129
Zulassen, was ist 133
GEDULD KULTIVIEREN 135
Mit Geduld Gewohnheiten erkennen 140
VERGÄNGLICHKEIT ANERKENNEN 143
Der Tod von Rumirah 147

Die Vier Grundlagen des achtsamen Wandels 150
Erkennen, was ist 152
In den Spiegel schauen 153
Annehmen, was ist 155
Sich selbst erforschen 160

Den eigenen Körper kennenlernen 161
Durch Musik ins Hier und Jetzt 165
Übung: Musik hören 165
Die eigenen Gefühle wahrnehmen 166
Drei Gefühlskategorien 168
Gedanken erkennen 171
Übung: Gedanken zählen 173
Übung: Das Gedankenkarussell benennen 175

Nach Hause kommen 177
Die heilende Wirkung des reinen Bewusstseins 180
Im Kino 183
Alles braucht Zeit 184
Ein gesundes Ich und das reine Bewusstsein 187

Anhang 193
Der Buddha und die Neurowissenschaft 193
Vorbereitende Schritte für eine Atemübung
 und eine Meditation 194
Feines Atmen zur Beruhigung des Geistes 198
Sankalpa finden 200
Dank 203
Literatur 204
Weitere Informationen zur Autorin 207
Informationen zu den Interviewpartnern 208
Anmerkungen 212

Aufgewacht!

In welcher Situation wir uns auch befinden mögen, es ist immer möglich, sie unter positiven Gesichtspunkten zu betrachten.
                                                                DALAI LAMA

Das Erlebnis, das so einschneidend war, das alles veränderte, mich über viele Monate vollkommen aus der Bahn warf und nichts mehr so sein ließ, wie es vorher war, ereignete sich im April 2011. Drei Wochen zuvor war es in Fukushima durch ein Erdbeben zu der großen Reaktorkatastrophe gekommen. Jeden Abend verfolgte ich, wie in den Nachrichten darüber berichtet wurde, dass große Mengen an radioaktivem Material die Luft, die Böden, das Wasser und die Nahrungsmittel sowohl auf dem Land als auch im Meer in der Umgebung der Reaktoren kontaminierten. Ich machte mir große Sorgen um die Menschen und die Natur, die dieser unsichtbaren Gefahr ausgesetzt waren. Die Bilder der verzweifelten Menschen und der zerstörten Landschaft gruben sich schnell in mein Gehirn ein und wirkten selbst im Schlaf nach. Meine Angst galt aber auch meiner eigenen Gesundheit. Ich war mir unsicher, ob früher oder später nicht auch verseuchte Lebensmittel nach Deutschland würden kommen können.

Das Unglück in Japan war tatsächlich aber nur der

Auslöser für meinen eigenen Zusammenbruch. Mitten in einer der nachfolgenden Aprilnächte wachte ich auf. Draußen war es stockdunkel. Alles, was ich sah, waren Millionen von schwarzen und weißen dicken Punkten, die sich schnell und flirrend vor meinem Gesichtsfeld bewegten. Zuerst wollte ich meinen eigenen offenen Augen nicht trauen. Dann schlug mein Gehirn Alarm. Innerhalb von Sekunden breitete sich eine so massive Angst in mir aus, dass sie mich förmlich durch- und dann überflutete. Ich fühlte mich wie paralysiert und gleichzeitig zitterte ich am ganzen Körper. Mein Herz raste. Mein Atem jagte hinterher. Meine Nerven lagen blank. Es fühlte sich geradezu so an, als wäre ich an eine 220-Volt-Stromleitung angeschlossen. Ich war hellwach und vollkommen übererregt. Das, was sich hier abspielte, war wie ein gruseliger Horrorfilm, den ich partout anhalten wollte, den ich ausschalten wollte, aber den entsprechenden Knopf dazu nicht fand.

Mit zitternder Hand suchte ich ersatzweise nach dem Lichtschalter meiner Nachttischlampe, in der Hoffnung, dass alles nur ein schlechter Traum gewesen wäre und der Albtraum ein Ende hätte. Aber auch im hellen Raum waren die Punkte noch immer da. Die Konturen der Möbel waren hinter den Punkten undeutlich auszumachen. Zuerst dachte ich, dass es vielleicht eine Kreislaufschwäche wäre. Mit einem Satz sprang ich aus dem Bett, raste ins Wohnzimmer und beugte mich nach vorne, um meinen Kopf mit frischem Blut zu versorgen. Die Punkte blieben. Ich schüttelte verzweifelt den Kopf, in der naiven Hoffnung, dass so Abertausende von Punkten herausfallen würden. Ruckartig richtete ich mich auf. Doch die Punkte tanzten weiter hartnäckig vor meinen Augen. Da wurde ich panisch und ließ meinen Oberkörper noch einmal nach vorne schnellen und schüttelte mich wie elektrisiert, atmete tief ein und aus, schüttelte mich erneut und richtete mich voller Verzweiflung wieder auf. Jetzt erst ließ die Erscheinung langsam nach. Nach meinem Empfinden jedoch viel zu langsam. Ich war schweißgebadet. Ich versuchte nachzuvollziehen, was gerade mit mir passiert war. Dabei schoss mir die Angst erneut durch den Kopf. Was war das?

Die nächsten Stunden waren ein Albtraum. Kaum hatte ich mich halbwegs beruhigt, kam die Erinnerung an die Punkte wieder. Meine Adrenalinproduktion lief auf Hochtouren. Immer wieder rannte ich durch die Wohnung, angetrieben von Herzklopfen, begleitet von Horrorszenarien, die sich in meinem Kopf abspielten. War das, was ich da erlebte, etwa die Vorstufe von weißen Mäusen, und das, obwohl ich kaum Alkohol trank? Ich hatte geradezu panische Angst davor, blind – und noch schlimmer – verrückt zu werden. Ich ließ den Vortag vor meinem inneren Auge Revue passieren. War etwas Besonderes passiert, was ich nicht bemerkt hatte und was das Augenflimmern ausgelöst hatte? Hatte man mir vielleicht irgendwo heimlich etwas in ein Getränk gegeben? Die Fragen liefen ins Leere. Hatte das ganze visuelle Phänomen vielleicht gar nichts mit meinen Augen zu tun, sondern mit meinem Gehirn? Hatte ich einen Gehirntumor? Diese Fragen überschlugen sich in meinem Kopf und wiederholten sich Tausende Male. Ich konnte förmlich spüren, wie jede einzelne Frage wie eine Ladung Starkstrom durch die Windungen meines Gehirns schoss und mein ganzer Körper auf der Suche nach einer plausiblen Antwort vor lauter Übererregung nur noch vibrierte und ich wie Espenlaub zitterte.

Beruhigen konnte ich mich nicht. Und Antworten fand ich auch keine.

Ich legte mich wieder in mein Bett, mit all den Fragen, mit all der Angst. Als die Sonne aufging, schlief ich vollkommen übererregt und zugleich völlig erschöpft ein. Vollkommen übererregt wachte ich auch wieder auf. Die Sonne schien in mein Zimmer. Die einzigen Punkte, die ich jetzt sah, waren ein paar einzelne feine Staubkörner, die in der Luft tanzten, nachdem ich das Fenster aufgemacht hatte. Andere Punkte waren keine mehr zu sehen. Alles war wie sonst. Ich sah die Welt wieder durch meinen gewohnten Blick. Das Fenster, das Bett, der Schrank. Alles war klar umrissen, ohne einen einzigen Punkt. Aber gleichzeitig sah ich die Welt mit ganz anderen Augen. Ich hatte höllische Angst vor einer Krankheit. Angst um mein Leben. Und um meinen Verstand. Über den ganzen nächsten Tag hinweg lauerte die Angst permanent nebulös drohend im Hintergrund. Ich erzählte niemandem von dem, was mir widerfahren war. Vielleicht war ja doch alles nur ein schlechter Traum gewesen! Hier und da überfiel mich dann wieder unvermittelt die Angst, dass sich das Horrorszenario in der kommenden Nacht wiederholen würde.

Und genau das passierte. Ich schreckte bereits nach drei Stunden aus dem Schlaf, weil mich die furchtbaren Erinnerungen an die vorhergehende Nacht wachrüttelten. Wieder sah ich nichts anderes als Millionen von schwarzen und weißen Punkten. Wieder schlug mein Gehirn Alarm. Wieder stand ich unter Strom. Wieder lag ich stundenlang wach. Schrecklichste Ängste um meine Augen und meine Gesundheit verschluckten meinen gesunden Menschenverstand bei dem kleinsten Versuch, eine rationale

Erklärung zu finden für das, was sich vor meinen Augen abspielte. Es war geradezu aussichtslos, auch nur einen einzigen klaren, angstfreien Gedanken zu fassen. Ich fühlte mich ängstlich, hilfsbedürftig und zutiefst verunsichert zugleich und wollte dieses Gefühl so schnell wie möglich wieder loswerden. Aber wie sollte dies gehen?

Die einzige Möglichkeit war, der Situation ins Gesicht zu schauen bzw. in diesem Fall in die Augen zu sehen. Aus diesem Grund suchte ich am nächsten Tag einen Augenarzt auf. Während der Untersuchung fiel es mir schwer, meine Angst zu verbergen. Nervös rutschte ich wie ein kleines Kind auf dem Behandlungsstuhl hin und her. Mein Mund war trocken. Mein Kopf war leer. Ich fühlte mich wie betäubt. Ich hatte Angst vor der Diagnose. Angst davor, dass der Arzt meine Hypothesen bestätigen würde. Mit zitternder Stimme erzählte ich ihm, was mir widerfahren war. Er blieb sichtlich unbeeindruckt, untersuchte mich und konnte nichts Auffälliges feststellen. Ihm war dieses Symptom unbekannt. Zum Abschied klopfte er mir aufmunternd auf die Schulter, lachte mich an und versuchte, eine heitere Zuversicht auszustrahlen: »Entspannen Sie sich! Legen Sie Ihre Füße hoch und lesen Sie einen schönen Krimi!« Auch der Neurologe, den ich kurz danach aufsuchte, zuckte bei meiner Erzählung die Schultern, konnte mit meinen Symptomen nichts anfangen. Ebenso erging es mir bei meinem Hausarzt. Beide diagnostizierten eine Überreizung des Nervensystems. Aber keiner konnte mich wirklich beruhigen. Dazu war es zu spät.

In diesen Tagen zog die Angst bei mir ein. Meine Fröhlichkeit und mein Optimismus zogen aus. Mit der Angst ging ich durch den Tag. Mit ihr schlief ich nachts ein. Mit ihr wachte ich mitten in der Nacht auf. Nacht für Nacht erlebte ich dasselbe: Millionen von Punkten tanzten vor meinen Augen. Im Dunkeln, im Halbdunkeln. Im Schein der Nachttischlampe. Jeder einzelne Punkt fütterte meine Angst. Machte sie groß. Blähte sie auf wie einen Dämon. Gab ihr Macht über mich und meinen Verstand. Es schien keine Besserung in Sicht. Im Gegenteil. Während der Frühling Einzug hielt, die ersten Knospen auftauchten, wurde es in mir immer düsterer. Und das, obwohl ich diese Jahreszeit über alles liebte. Schlagartig änderte sich alles. Mein Leben. Meine Einstellung zu mir selbst. Augenblicklich wurde mir bewusst, wie wertvoll ein gesunder Körper und eine stabile Psyche sind. Alles Äußere, was mich bislang so motiviert, inspiriert und angetrieben hatte, wurde plötzlich vollkommen unwichtig: vielversprechende Aufträge und geplante Reisen ebenso wie bereichernde Begegnungen. Selbst der Erfolg meines neuen Buches, das in zahlreichen Zeitschriften besprochen wurde, ging an mir vorbei, als würde es mich selbst gar nicht betreffen. In meinem Innern stieß nichts mehr auf Resonanz. Es war, als hätte sich in nur einer einzigen Nacht zwischen mir und dem Leben, das ich so liebte, ein unüberwindbarer Graben aufgetan. Mein Blick hatte sich verengt, meine ganze Aufmerksamkeit kreiste nur noch um meine Gesundheit.

Das eigene Leben unter die Lupe nehmen

Bis zu dieser Nacht hatte ich immer gemeint, eigentlich ein sehr glückliches Leben zu führen. Eigentlich. Mit 30 Jahren hatte ich meinem Leben nach dem Tod meines Lebensgefährten eine ganz neue Richtung gegeben. Ich hatte mir meinen langjährigen Traum erfüllt und Ethnologie, Religionswissenschaft und Psychologie studiert. Diese Jahre waren für mich ein großes Geschenk. Danach hatte ich angefangen, als Journalistin und Buchautorin in ebendiesen Bereichen zu arbeiten. Die Jahre, bis ich mich gut etabliert hatte, waren zwar anstrengend, aber auch schön gewesen. Dafür hatte ich viel gearbeitet. Aber das hatte ich auch gerne getan. Ich liebte meine Arbeit über alles. Meine Vision, beruflich das zu tun, was mich aus vollster Seele nährte, hatte sich endlich erfüllt und mir gezeigt, dass man seine Träume verwirklichen kann. Meine Arbeit als Dozentin bei Yogalehrer-Ausbildungen, als Journalistin, Buchautorin und Ghostwriterin erfüllte mich sehr.

Jeden Tag sprang ich morgens gut gelaunt und voller Freude aus dem Bett. Jeden Tag erwarteten mich neue Begegnungen, neue Menschen, neue Erfahrungen. Jeder neue Auftrag bereitete mir enorme Freude. Meistens ging es um Bewusstseinsentwicklung, Spiritualität, Gesundheit oder Psychologie. All diese Themen inspirierten nicht nur meinen Verstand, sondern nährten auch mein Herz. Ich hatte nicht einmal mehr das Gefühl zu arbeiten, denn jeder Tag fühlte sich an wie Urlaub! Ich hatte sogar einen Punkt erreicht, an dem mir viele spannende Projekte angeboten wurden. Darüber hinaus führte ich seit vielen Jahren wieder eine glückliche Beziehung und hatte einen Kreis guter Freunde. Auch achtete ich darauf, mit solchen Menschen zusammen zu sein und zu arbeiten, die bewusst und reflektiert lebten und arbeiteten. Dadurch hatte mein ganzes Leben in meinen Augen eine gewisse Tiefe und machte große Freude.

Durch diese Möglichkeit, mein Leben so bewusst und

weitgehend selbst bestimmen zu können, fühlte ich mich sehr privilegiert und genoss jeden Tag. Umso mehr schockierte mich dieser Vorfall. Er war so plötzlich – wie es mir schien – gekommen. Was hier passiert war, ließ sich willentlich nicht kontrollieren. Und das machte mir unendlich große Angst. Hatte ich doch all die Jahre zuvor scheinbar bewusst geplant und selbst über mein Leben bestimmt. Scheinbar. Denn die grell aufleuchtende Alarmlampe meines Nervensystems, die anfangs nur ab und zu geblinkt hatte, hatte durch mein Augenflimmern ein unübersehbares Alarmsignal gesendet und leuchtete jetzt grell und kalt, wie eine Neonröhre kurz vor der Explosion. Jede Nacht schreckte ich aus dem Schlaf, und jede Nacht zeigte mir mein Nervensystem mit Tausenden von Punkten, dass ich meine Grenzen offensichtlich, und ohne es zu bemerken, überschritten hatte.

In diesen Tagen im April wachte ich auf. Nicht nur jede Nacht aufs Neue, in der Hoffnung, dass dieses undefinierbare Flimmern weg sein würde. Auch in dem Sinne, dass ich mich und mein eigenes Leben kritisch betrachtete. Das, was mir das Flimmern zeigen wollte, musste ich untersuchen.

Somit begann der ausschlaggebende Umbruch im Kopf. Ich selbst musste mir Fragen stellen, die ich mir bislang nicht gestellt hatte. Ich musste Bilanz ziehen über mein Verhalten und meine Art, mit mir selbst umzugehen. Ich musste die Gründe dafür finden, warum ich immer über mich hinweggegangen war. Als Erstes realisierte ich rückblickend, dass mein Alltag kurzatmig, hektisch und ungesund geworden war. Ich hatte einige spannende Tagungen mitorganisiert und einen Verlag beim Aufbau unterstützt, hatte ein Buch geschrieben und als Redakteurin gearbeitet. Und das alles mit Begeisterung. Bei dieser Flut von Arbeit hatte ich nicht nur tagsüber gearbeitet, sondern auch bis weit in die Nacht hinein. Oft war ich auch nachts wach geworden und hatte erst gar nicht den Versuch unternommen, wieder einzuschlafen. Stattdessen war ich hoch motiviert und voller Engagement schnurstracks in mein Büro gegangen, um dort noch jene Arbeiten zu erledigen, zu denen ich tagsüber nicht gekommen war. Aber bei all meinem Enthusiasmus für meine Arbeit hatte ich nicht bemerkt, dass mein natürlicher Rhythmus ins Rutschen geraten war. Und genauso unmerklich war ich im Verlauf der Monate immer nervöser und angespannter geworden. Zuletzt hatte ich mich über vieles aufgeregt, was ich früher mit einem lächelnden Schulterzucken abgetan hätte. Eine Datei, die abstürzte, ließ mich genauso schnell ärgerlich werden wie jemand, der vor mir auf der Straße zu langsam fuhr.

Zuerst hatte ich meine Nervosität, Schlaflosigkeit und zunehmende Reizbarkeit sowie die verschiedenen kleineren Ängste auf die wirtschaftlich allgemein unberechenbare Situation und mein eigenes Dasein als Selbstständige zurückgeführt. Bei aller Arbeit hatte ich auch gar nicht realisiert, wie sich ein immer stärkerer Druck in mir aufbaute. Während ich in den ersten Jahren der Selbstständigkeit immer wieder Angst gehabt hatte, nicht von meinem Beruf als Journalistin leben zu können, hatten die Ängste nun nur einen anderen Namen bekommen. Bekam ich eine Grippe, hatte ich Sorge, nicht rechtzeitig gesund zu werden, um alle Arbeiten termingerecht zu erledigen. Ich wagte es nicht mehr, einen längeren Urlaub zu planen, aus Sorge, meine Kunden damit zu verprellen oder dadurch meine Auftragslage zu schwächen. Doch erst im

Verlauf der Monate stellte sich der wahre Grund für die Ängste heraus.

Die Entwicklung, die ich in den letzten Jahren durchlaufen hatte, war paradox. Meine Betriebsamkeit hatte dazu geführt, dass ich immer mehr durch mein Leben hetzte. Ich glaubte, keine Zeit mehr zu haben, um mich zu entspannen, zu meditieren und Dinge in Muße zu tun. Stattdessen war ich ständig unterwegs. Ich genoss mein Leben als Selbstständige und überging gleichzeitig die Bedürfnisse meines Körpers und die Aufrufe meiner Seele. Das innere Feuer, für das ich bei meiner Arbeit eigentlich brannte, war dabei, mich auszubrennen. Ich flog, fuhr oder ging von einem Termin oder Interview zum nächsten, um über Yoga, Balance im Leben oder das Sein zu berichten. Ich traf viele spannende Menschen, die mich zu immer neuen Projekten, Artikeln und Büchern anregten. So bunt mein Leben auch war, fühlte ich mich dennoch immer getrieben, konnte aber nicht benennen, warum das so war. Niemals kam ich wirklich zur Ruhe. Selbst meine Meditationen nutzte ich, um mich für neue Buchideen oder Impulse für Artikel zu öffnen. Kaum war ein Buch fertig geschrieben, trieb mich ein neuer Funke an. Wenn ich jetzt an Seminaren oder Retreats teilnahm, dann immer als Journalistin. Während die anderen entspannten, schrieb ich an einem Artikel. Nur selten nahm ich mir Zeit, meine Seele baumeln zu lassen, mit Freunden einen Tag zu verbringen, meine eigene Beziehung zu kultivieren oder ins Kino oder in Konzerte zu gehen. Selbst im Urlaub peitschte ich mich nach nur wenigen Tagen zurück in die Geschäftigkeit. Dabei hatte ich die Grenze meiner eigenen Belastbarkeit ständig ignoriert und überschätzt. Und die kleinen und großen körperlichen Anzeichen übersehen, die darauf hingewiesen hatten, dass eine Pause notwendig war. Und die kleinen und großen »Aufschreie« meiner Seele überhört, die darauf hinwiesen, dass es an der Zeit wäre, ihr Gehör zu schenken. So hatte ich es beispielsweise gar nicht ernst genommen, dass ich bei dem jährlichen Weihnachtsretreat, an dem ich immer teilnahm, morgens vollkommen erschöpft im Bett lag und überhaupt nicht aufstehen wollte. War ich früher morgens um sechs Uhr voller Vorfreude auf die erste Meditation aus dem Bett gesprungen, hievte ich jetzt mühsam meinen scheinbar zentnerschweren Körper von der Matratze und kam oft als eine der Letzten im Seminarraum an. Und genauso wenig hatte ich es ernst genommen, dass mir nach besonders anstrengenden Tagen schlecht war, ich vor Herzrasen nicht schlafen konnte oder immer wieder Migräneattacken bekam, die mich außer Gefecht setzten.

Ich schrieb in verschiedenen Zeitschriften darüber, wie wichtig es ist, Körper, Seele und Geist in Einklang zu bringen, sich Oasen der Entspannung im Alltag zu schaffen oder regelmäßig von der Arbeit abzuschalten. Gleichzeitig war ich selbst zu diesem Zeitpunkt weit davon entfernt und entfremdete mich zusehends von mir selbst. Ich vertröstete mich ständig, am nächsten Wochenende, im nächsten Urlaub oder spätestens im folgenden Meditationsretreat innezuhalten und zu mir zurückzufinden. Um mir Zeit dafür freizuschaufeln, hatte ich mir unterschiedlichste technische Hilfsmittel angeschafft: ein iPhone und einen Laptop. Alles ultraschnell. Aber genau das Gegenteil passierte. Die Zeit, die ich versuchte einzusparen, vertat ich jetzt im Internet. Hier verlor ich mich manchmal stundenlang bei der Recherche in einem Urwald von zahllosen Website-Links, hörte neue Musikclips, die mir Facebook-Freunde empfahlen oder die ich zufällig auf YouTube entdeckte. Durch die Überflutung mit neuen und gleichermaßen oft überflüssigen Informationen aus dem Netz war ich unmerklich immer weniger in der Lage, mich länger als ein paar Minuten auf ein und dieselbe Aufgabe zu konzentrieren. Zu groß war die Ablenkung. Dadurch fiel mir sogar das Lesen eines Artikels mittlerweile immer schwerer. Ich wurde erschöpfter und rastloser zugleich, was für mich selbst irgendwo spürbar war und auch von meiner Familie und meinen Freunden bemerkt wurde. Sie vermissten meine Fröhlichkeit und bemängelten, dass ich keine Zeit mehr für private Aktivitäten hätte. Doch wenn sie mich darauf ansprachen, bagatellisierte ich das Ganze. Hin und wieder fragte ich mich insgeheim, ob es noch gesund sei, was ich da tat. Beschämt von mir selbst musste ich es verneinen.

Entlastend wirkte allerdings auf mich, dass es meinen Freunden, Bekannten oder Arbeitskollegen offenbar genauso erging. Auch Unbekannte, die mir im Café, in der U-Bahn, im Zug oder in der Wartehalle des Flughafens begegneten, schienen – wie ich – ihren Handys und Laptops quasi ausgeliefert zu sein: stets erreichbar, immer up to date. Zeitmangel, härter werdende Anforderungen und ständiges Verfügbarsein gehörten nun einmal – so beruhigte ich mich wieder und wieder – zur geschäftlichen und damit zur gesellschaftlichen Realität.

Die Siebenmeilenstiefel ausziehen

Nach meinen ersten symptomreichen Nächten im April suchte ich meinen langjährigen Hausarzt und Homöopathen auf, mit der Bitte, mir Zauberglobuli zu geben, damit ich in Siebenmeilenschritten in meinem gewohnten Rhythmus weitergehen könnte. Seine Antwort war für mich völlig unerwartet: »Bitte ziehen Sie Ihre Siebenmeilenstiefel aus. Die haben Sie lange genug getragen. Es ist scheinbar an der Zeit, barfuß Schritt für Schritt weiterzugehen.« Ich schluckte. Danach nickte ich ergeben.

Es gibt Momente in meinem Leben – manchmal ist es eine Begegnung, manchmal ein Erlebnis und manchmal nur ein einziger Satz –, die mich zum Nachdenken anregen oder dazu, alles infrage zu stellen, was ich bis dahin gemacht habe, und die mein Leben von einem Augenblick auf den anderen ändern. Die Aussage meines Arztes hatte genau diese Qualität. Sie traf mich bis ins Mark. Immer und immer wieder ging mir der Satz in den nächsten Wochen und Monaten durch den Sinn. Er brachte genau das auf den Punkt, was ich selbst versäumt hatte zu tun. Und was dringend anstand. Barfuß Schritt für Schritt zu gehen. Genauso, wie ich es in all meinen Büchern und Artikeln beschrieb. Diese Bremse war die einzige Möglichkeit, mich aus der Umklammerung der Rastlosigkeit, der Erschöpfung und der Übererregung zu befreien. Nur durch Ruhe, Entspannung und Innenschau würde es mir möglich sein, mich allmählich und auch langfristig von den Symptomen zu erholen. Diese Pause war dringend nötig. Sie war sogar überfällig. So sehr ich meine Arbeit auch liebte! Sich mit spirituellen und bewusstseinserweiternden Themen zu beschäftigen, ist das eine. Dies Tag für Tag in das eigene Leben zu integrieren, das andere. Darüber hinaus war es anscheinend an der Zeit, den Grund für mein Hasten zu finden, der sich mir allerdings auf den ersten Blick nicht erschloss.

Der Rat meines Arztes hatte mir verdeutlicht, dass es keine schnelle Heilung gab für meine Erkrankung. Mit weniger Arbeit allein war es nicht getan. Aber es war ein erster Schritt in die richtige Richtung. Ich hielt inne, und zwar nicht für einen Moment oder für zwei oder vier Wochen, um mich wie bei einer Ayurvedakur zu regenerieren, sondern für ein ganzes Jahr. Ich begann tatsächlich, barfuß Schritt für Schritt zu gehen. Meistens im übertragenen Sinne, oft auch faktisch. Ich wagte den Absprung aus dem hektischen Alltag. Ich wollte wieder den Boden unter meinen Füßen spüren. Das erste Jahr arbeitete ich nur zwei bis drei Stunden am Tag. Dadurch schaffte ich Abstand zwischen mir und dem, was mich von mir selbst entfernt hatte: meiner ständigen Hetzerei, meinem Handy, meinem Laptop, dem Internet und dem virtuellen Leben. Das war die große Lektion, die ich lernen musste, um wieder herauszukommen aus der lähmenden Angst, die mein Leben in diesen Monaten blockierte wie ein Dauerstau auf der Autobahn mitten im Hochsommer.

Boden unter den Füßen

Durch mein Langsam-Werden erkannte ich, dass ich meiner derzeitigen Situation und meinem nächtlichen Flimmern nur mit Achtsamkeit und Bewusstheit begegnen konnte. Nur so konnte ich sehen, dass hinter alldem diverse Ängste lagen und diese mich eng und krank gemacht hatten. Nun war es an der Zeit, ihnen zu begegnen. Denn nur so konnte ich mein Leben verändern und Heilung erfahren. Nur durch ein hohes Maß an Achtsamkeit und Bewusstheit konnte wieder ein innerer und äußerer Raum entstehen, in dem alles – inklusive der Angst – Platz hatte.

Um diesen Raum wiederzufinden, in dem ich mich selbst wieder differenziert wahrnehmen konnte, brauchte es Zeit. Ganz besonders in den ersten Monaten, in denen die Angst mich so sehr im Griff hatte, dass ich jegliches gesunde Gefühl für meinen Körper und Geist verlor. Durch den Ausbruch des nächtlichen Augenflimmerns war mir schlagartig, im wahrsten Sinne des Wortes über Nacht, das Gespür für meine eigenen körperlichen Grenzen abhandengekommen. Ich fühlte mich wie ein einziger wabernder Bienenschwarm, der aus purer Angst besteht. Egal ob ich nachts im Bett lag, morgens beim Frühstück saß oder nachmittags einen Tee trank – immer hatte ich das Gefühl, als würde dieser Bienenschwarm durch meinen Körper schwirren, bevor er sich dann wieder in meinem Kopf niederließ und sich erneut in tausend angstvolle Gedanken verströmte. Um sich dann Stunden später wieder irgendwo in meinem Körper zu sammeln. In diesen Monaten zog ich mich auch weitgehend zurück und vermied alle Treffen, die nicht unbedingt nötig waren. Während ich früher jeden Tag viele Verabredungen und Termine mit anderen Menschen hatte, brauchte ich jetzt Zeit für mich allein. Meine Seele holte sich einfach das zurück, was ich lange übersehen hatte.

In dieser Zeit zahlten sich auch all die spirituellen Praktiken und Techniken aus, die ich in den letzten 20 Jahren gelernt hatte. Ich war Yogalehrerin, meditierte seit vielen Jahren, hatte Fortbildungen im Bereich der Achtsamkeit absolviert und verfügte so über ein großes Repertoire an Entspannungsübungen für die unterschiedlichsten Lebenssituationen und Bedürfnisse. Für dieses Wissen war ich zu dieser Zeit besonders dankbar. Anfangs versuchte ich es mit der Meditation im Sitzen. Aber jedes Mal, wenn ich mich hinsetzte und meine Aufmerksamkeit nach innen richtete, hatte ich das Gefühl, in einen bodenlosen Raum zu fallen. In diesen Momenten suchte ich mein Inneres nach Halt ab. Aber es gelang mir nicht. Das lag an der Angst, mit der ich kämpfte. Ständig schob sie sich vor meinen Verstand und zog mich hinein in den bodenlosen Raum. Zu viel Innenschau erschien mir in der ganz akuten Phase auch viel zu gefährlich, aus Angst, dass – ausgelöst durch das Flimmern – unverarbeitete Horrorszenarien aufsteigen könnten. Daher hörte ich mit dieser Meditation bereits nach wenigen Tagen auf und praktizierte vorerst nur solche Techniken, die mich erdeten und mir – zumindest zeitweise – den Boden unter den Füßen zurückgaben. Es waren Yoga- und Atemübungen, die mich ganz gezielt in meinem Becken verankerten. Oder solche Visualisationsübungen, bei denen ich mir vorstellte, dass Wurzeln durch meine Füße in den Boden wuchsen.

Dann begann glücklicherweise der Frühsommer, und ich stellte mich bei sämtlichen Freunden und Familienangehörigen für die Gartenarbeit zur Verfügung. Mit den Händen die Erde umzugraben, Unkraut zu jäten und mich dabei körperlich auszupowern, waren die besten Methoden, mich wieder mit meinem eigenen Körper in Verbindung zu bringen. Wann immer sich mir die Möglichkeit bot, so intensiv wie möglich mit oder an der Erde zu arbeiten, ergriff ich sie. Diese haptische Erfahrung, das Berühren von trockener oder feuchter Erde, das Riechen der

Blumen, des Grases, der Anblick der blühenden Blumen und Sträucher, das Summen der Bienen und die Laute der Spechte und Amseln, all das lenkte meine Aufmerksamkeit weg von der Angst hin in die Gegenwart. Auch fing ich in dieser Zeit an, im übertragenen Sinne Unkraut zu jäten. Auch dafür war es jetzt an der Zeit.

Erdung – so wurde mir klar – ist dringend notwendig, wenn wir unsere Ängste in den Griff bekommen wollen. Ängste beziehen sich hauptsächlich auf die Zukunft. Sind wir nicht in unserem Körper verankert und achtsam bei dem, was wir gerade tun, tragen uns unsere Ängste hinaus aus unserem Körper und hinein in eine gedankliche Vorstellung der Zukunft. Die Angst, blind zu werden, entsprach nicht meinem tatsächlichen gegenwärtigen Gesundheitszustand. Mein Augenarzt hatte mir gesunde Augen diagnostiziert. Ich aber war voller Angst, dass ich durch das Flimmern erblinden *könnte*. Genauso wie ich vorher immer gedacht hatte, ich *könnte* einen Kunden verlieren, wenn ich länger Urlaub machte.

Dass es sich bei der Zukunft allerdings nur um einen Gedanken handelt, realisieren wir nicht in dem Moment, wenn unsere Ängste uns peinigen. Eckhart Tolle, einer der wichtigsten konfessionslosen spirituellen Lehrer, der das JETZT, das Sein im gegenwärtigen Augenblick, als die Befreiung von allem Leid sieht, hat es in einem Interview folgendermaßen ausgedrückt: »Bei der Zukunft handelt es sich nur um eine Gedankenform. Keiner hat die Zukunft jemals getroffen. Wenn sie kommt, dann ist sie wieder der gegenwärtige Moment. Aber das realisieren die meisten Menschen nicht, egal in welchen Lebensumständen sie sich befinden.«[1]

Aber es ist beileibe nicht so einfach, sich nicht konstant

von seinen Ängsten, Wünschen, Erwartungen und der Flucht vor den schmerzvollen Erfahrungen, die das Leben mit sich bringt, wegtragen zu lassen. Besonders nicht in einer Welt, die quasi immer virtueller wird. Hat doch gerade das World Wide Web dazu beigetragen, dass wir uns von unserem physischen Körper, von anderen Menschen und auch von unserer eigenen Familie zunehmend entfremden und uns in künstliche oder zukünftige Welten flüchten. Hat doch auch die wachsende Globalisierung ihren Anteil daran, dass wir durch die hohe Mobilität ständig in Bewegung sind, unsere Wurzeln verlieren oder gar keine mehr schlagen können. Wir leben zwar in einer Gesellschaft, in der wir uns viele Gedanken über unseren Körper machen, aber wir verlernen es, uns in ihm zu beheimaten. Wir machen uns Sorgen um unsere Figur, durchleiden Diäten, gehen ins Fitnessstudio, überfordern dabei nicht selten unseren Körper und tun all das nur, um so attraktiv wie möglich zu sein. Wir haben Angst, nicht so geliebt zu werden, wie wir eigentlich sind. Deshalb fällt es uns auch so schwer, uns selbst zu lieben und wirklich im eigenen Körper zu Hause zu sein und die eigenen Bedürfnisse wahrzunehmen und auszuleben.

In diesen Wochen wurde mir dieser gesellschaftliche Wahnsinn wieder einmal bewusst, und das zeigte mir, wie weit die meisten Menschen doch von ihrem eigenen Körper entfernt sind. Wir spalten uns so lange von uns ab, bis wir uns selbst vor die Wand fahren und realisieren, dass wir einen Körper aus Fleisch und Blut besitzen, der seine Aufmerksamkeit früher oder später einfordert. Und in einer Phase, in der die Angst im Vordergrund steht, ist es noch schwerer, jede Faser des eigenen Körpers bewusst wahrzunehmen, denn dies geht leider nicht von heute auf morgen. »In der Angst kommt die eigene Sichtweise einem Tunnelblick gleich«, so der Psychotherapeut Matthias Ennenbach, »der Blick verengt sich.« Wieder im Körper Fuß zu fassen und den eigenen Atem wahrzunehmen, kann dauern. Aber es ist möglich! In diesen Wochen realisierte ich etwas ganz Entscheidendes: Es ist möglich, und es lag ganz allein an mir, die Initiative dazu zu ergreifen! *Ich* hatte die Wahl. *Ich* konnte mich jeden Tag aufs Neue entscheiden, wie ich durch den nächsten Tag gehen wollte. *Ich* musste nicht jeden Tag den ausgetretenen Pfaden meiner Angst folgen.

Auf neuen Wegen wandeln

Ich suchte nach neuen Wegen. Sowohl im Umgang mit mir selbst als auch im Umgang mit meinen Ängsten, die mich bis dahin immer unbewusst angetrieben hatten. Ich ließ mich von Menschen inspirieren, die ausgestiegen waren aus dem gesellschaftlichen Hamsterrad. Und ich suchte mich selbst. Beim Wandern, Laufen, Schritt-für-Schritt-barfuß-in-der-Natur-Gehen. All das weitete meinen Blick wieder und bewirkte genau die Art von Aufmerksamkeitsumlenkung, die mir in dieser Zeit half. Ich veränderte meinen Blick: weg von der Angst, hin zu heilsamen Berglandschaften und hin zu meinen inneren Orten der Heilung. Ich suchte bewusst solche Orte und Landschaften auf, die ich bereits kannte, liebte und die mein Herz und meinen Blick schon vor meiner Erkrankung geweitet hatten. Es waren Kraftorte im Allgäu, beseelte Landschaften im Chiemgau und energieerfüllte Gipfel auf Korsika und in den Dolomiten. Die meisten Plätze waren weit weg von den hektischen, aggressionsgeladenen Ballungszentren der Großstadt. Durch diese heilsamen Aufenthalte in der Natur entstand nach und nach wieder mehr Raum für mich und meine körperlichen Empfindungen. Und meine Seele fing wieder an zu schwingen. In ihrem eigenen Rhythmus.

Trotzdem musste ich mich während dieser Zeit immer wieder aufs Neue motivieren und mich daran erinnern, mich ganz und gar im Körper zu verankern. Besonders dann, wenn es Rückschläge gab, wenn die Angst sich wieder wie mit einem Saugnapf an meinem Verstand festsetzte und ich dadurch nicht mehr über die körperliche und psychische Kraft verfügte, die ich mir gewünscht hatte. Mein nächtliches Augenflimmern, das nicht nachlassen wollte, sorgte immer wieder dafür, dass mich die Angst aus meinem Körper in die Zukunft katapultierte. Wieder und wieder musste ich etwas gegen diese Angst tun, die sich selbst an unvergesslich schönen Sommertagen in mir ausbreitete wie dichter Nebel im November oder in den Nächten wie ein Hurrikan durch mein Innerstes wütete. »Dem Sturm entgegenzutreten, wie oft er uns auch zu Boden blasen mag, sollte uns lehren, dass wir nicht so stark sein müssen wie der Sturm, um ihm zu trotzen«, lehrte mich der Lakota-Indianer Joseph M. Marshall. »Wir müssen nur stark genug sein, aufrecht zu stehen. Ob wir dabei nun vor Angst schlottern oder unsere Faust schütteln, wir sind so lange stark genug, wie wir aufrecht stehen.«

Ich blieb aufrecht stehen. Auch wenn meine Füße mal mehr, mal weniger fest am Boden standen. Aber meine Absicht, die Angst zu bewältigen und mich dabei selbst zu erkennen, war so stark, dass ich den Kontakt zur Erde nicht mehr verlor. Im Leid zu versinken und meine Situation zu beklagen, hatte mich langfristig noch nie weitergebracht. Auch dieses Mal versuchte ich, aus dieser Situation das Beste zu machen und zu reflektieren, was mich das, was mir da widerfahren war, lehren wollte. Schließlich ist die Selbsterkenntnis, nach den Worten des indischen Philosophen und spirituellen Lehrers Krishnamurti, der Anfang von Weisheit. Sie bedeutet das Ende der Angst.

Besonders hilfreich war es in dieser Zeit, mich im wahrsten Sinne des Wortes selbst festzuhalten, um von den Stürmen der Angst nicht fortgetragen zu werden. Immer wieder machte ich die folgende Übung in jenen Momenten, in denen ich das Gefühl hatte, dass sich die Grenzen meines Körpers auflösen würden.

Übung: Halten Sie sich

Wenn Sie das Gefühl haben, sich in zukünftigen Sorgen zu verlieren, dann suchen Sie sich einen Platz, an dem Sie sich für ein paar Minuten zurückziehen können. Setzen Sie sich aufrecht auf einen Stuhl und stellen Sie die Füße so, dass die Fußsohlen mit dem Boden in Kontakt sind. Wenn Sie die Möglichkeit haben, dann ziehen Sie Schuhe und Socken aus. Dadurch nehmen Sie die Erde, die Sie trägt, besser wahr. Legen Sie dann Ihre rechte Hand auf Ihre linke Schulter und die linke Hand auf Ihre rechte Schulter. Halten Sie sich nun an den Schultern fest. Atmen Sie tief ins Becken. Durch diese Übungen nehmen Sie die Grenzen Ihres Körpers wieder bewusster wahr und können ins Hier und Jetzt zurückkommen.

Wiedersehen mit dem Buddha

Mitgefühl ist der beste Arzt für den Geist.
Es macht ihn frei von allen Anhaftungen und zerreißt
die Fesseln der störenden Emotionen. DALAI LAMA

Neben regelmäßigen und sehr hilfreichen Besuchen bei meinem Hausarzt begab ich mich in therapeutische Behandlung, um das nächtliche Flimmern vor meinen Augen und die dahinterliegenden Ängste in den Griff zu bekommen. Das war eine der vielen Lektionen, die ich in den nächsten Monaten zu lernen hatte. Die Ängste hielten mich nämlich gefangen und machten mich hilflos. Dadurch, dass kein Arzt etwas mit diesem Symptom, dem Augenflimmern, anfangen konnte, zweifelte ich immer wieder an meinem eigenen Verstand. Gleichzeitig suchte ich in meiner Not nach Trost, nach spirituellen Lösungen, und hörte mir jene CDs an, die ich mir auf mein iPhone geladen hatte. Scheinbar zufälligerweise waren es buddhistische Belehrungen von Pema Chödrön und Jack Kornfield. Sie brachten mich dazu, mich wieder eingehender mit dem Buddhismus zu beschäftigen und Mitgefühl für mich selbst und meine Situation zu entwickeln. Jack Kornfield, der mich bereits seit vielen Jahren mit seinen für mich so wichtigen Büchern begleitete, war es schließlich auch, der mir half, diese Zeit nicht als eine »Heimsuchung« des Schicksals, sondern als eine Möglichkeit zu innerem Wachstum und einen Weg zur inneren Reife anzusehen. Selbst wenn jeder Weg anders und einzigartig ist. Und natürlich konnten Jack Kornfield und auch die vielen anderen buddhistischen Lehrer mir eine Richtung weisen, aber nur ich selbst konnte meinen eigenen Weg finden und gehen. Denn dadurch, dass keinem Menschen mein Symptom bisher begegnet war, schien es für meine eigene Heilung keinen allgemeingültigen Plan und keine Landkarte zu geben. Aber eines wusste ich: Wohin auch immer der Weg mich führen würde, es lohnte sich, aufzubrechen.

So nutzte ich all die Nächte, die ich wach lag, um meine Aufmerksamkeit weg von der Angst hin auf Belehrungen von Jack Kornfield, Pema Chödrön oder des Dalai Lama zu richten, die immer wieder darauf hinweisen, dass der Buddhismus eine Möglichkeit ist, die Wurzeln unserer Ängste zu betrachten und uns nach und nach von ihnen zu befreien. Der Buddha und seine Lehren waren mir seit vielen Jahren sehr vertraut und schon immer mit meinem Innersten in Resonanz gegangen. Es waren mein Herz und mein Verstand gleichermaßen, die sich für den Buddhismus als hilfreichstes Mittel entschieden, um einen Weg aus meinem derzeitigen Leiden zu finden. Allerdings interessierte mich nur der ursprüngliche, zeitlose Buddhismus. Nicht aber jener, der in Traditionen, Vereine und Organisationen gepresst worden war und heute hier und da auf mich äußerst verstaubt, antiquiert und hierarchisch wirkt. Mein Herz war stets zutiefst berührt, wenn ich Bilder von einem lächelnden Buddha sah. Im Vergleich zum leidenden Christus am Kreuz vermittelte mir der in sich ruhende Buddha die Hoffnung, dass jeder einen Weg aus seinem Leid finden kann. Selbst ich! Und das vielleicht – irgendwann – sogar mit einem Lächeln auf den Lippen.

Ich war auch deshalb so vom Buddhismus fasziniert, weil der Buddha bereits vor 2500 Jahren die Funktionen unseres Geistes erforscht und durchdrungen hatte. Er hatte in seinen Meditationen herausgefunden, wie es uns gelingt, den eigenen Geist so zu beruhigen, dass wir – im übertragenen Sinne – auf einem bedingungslosen Grund des Friedens ruhen können. Völlig unabhängig davon, welche äußeren Umstände herrschen und welche inneren Ängste uns quälen. Ganz konkrete Aussagen des Dalai Lama wie »Liebe und Mitgefühl vertreiben jede Lebensangst, denn sobald wir diese beiden Qualitäten des Geistes entwickeln, wächst unser Selbstvertrauen und die Angst schwindet«[2] machten mir Mut und förderten die Zuversicht, dass es auch *mir* gelingen könnte, meinen Geist zu schulen und meine Ängste zu verlieren. Aber nicht nur mir, sondern jedem Menschen kann die Lehre des Buddha helfen. Matthias Ennenbach formuliert das so: »Der Buddhismus geht davon aus, dass sich *jeder* Mensch grundlegend ändern kann, weil das Gute in uns steckt. Es sind besonders die universellen Prinzipien des Buddhismus, die das möglich machen, hier mit positiven Bildern zu arbeiten, weil sich jeder darin wiedererkennen kann.«[3]

Der Buddhismus faszinierte mich noch aus einem anderen Grund. In den letzten Jahren hatten zahlreiche wissenschaftliche Forschungen ganz Erstaunliches zutage gebracht. Westliche Naturwissenschaftler konnten in Zusammenarbeit mit dem Dalai Lama, buddhistischen Mönchen und erfahrenen westlichen Meditierenden nachweisen, dass die wesentlichen buddhistischen Meditationen darauf angelegt sind, den eigenen Geist so zu schulen, dass es zu Veränderungen im Gehirn kommt.

Während viele Gehirnforscher in der Vergangenheit davon ausgegangen waren, dass der Geist nur eine Aktivität unseres Gehirns ist, weiß man heute durch diese Forschungen, dass die Verbindung zwischen diesen beiden Dimensionen, also Gehirn und Geist, aus einer ganz anderen Perspektive betrachtet werden kann. Und zwar dahingehend, dass wir unseren Geist viel mehr nutzen können, als uns bislang bewusst war. Wir können den Geist und das Gehirn wechselseitig positiv beeinflussen und verändern, sodass unser ganzes Dasein davon profitiert und wir frei von Angst und Leid leben. Das heißt, dass die Art und Weise, *wie* wir unsere Aufmerksamkeit auf etwas lenken, *wie* bewusst wir den Energie- und Informationsfluss durch unsere neuronalen Schaltkreise leiten, sowohl die Aktivitäten als auch die Struktur des Gehirns unmittelbar zum Positiven hin verändern kann.[4] So wurde zum Beispiel erforscht, dass sich mit psychischer oder physischer Gewalt verknüpfte Erinnerungen durch positive Aspekte der Meditation wie Mitgefühl, Achtsamkeit, Selbstliebe abbauen und so negative durch positive Bilder ersetzen lassen. Das führt zu einer besseren Entspannung und zu einem größeren Vertrauen in sich selbst und das Leben und baut infolgedessen auch die Angst ab.

Diese neuesten wissenschaftlichen Erkenntnisse beruhigten den rational denkenden Teil in mir, der für alles plausible und fundierte Forschungsergebnisse braucht. Dadurch wurde für mich auch endlich nachvollziehbar, was ich intuitiv geahnt und bei mir selbst, in meinen Körperempfindungen, Gefühlen und Gedanken früher durch die regelmäßige Meditationspraxis immer wieder erfahren hatte: dass sich eine Konzentration auf Mitgefühl, Liebe und Achtsamkeit im Alltag positiv auf mein ganzes Leben auswirkte. Wie hilfreich ein kognitives Verständnis der Zusammenhänge von Neurologie und Meditation sein kann, bestätigte mir auch Matthias Ennenbach: »Die westliche Wissenschaft hat hier große Aufklärungsarbeit geleistet, denn dadurch, dass jetzt erklärbar ist, wie und wo Meditation sich im Gehirn positiv auswirkt, ist es für viele Patienten viel besser nachvollziehbar, warum Meditation einen so hohen Nutzen für die eigene Gesundung hat.«[5]

Diese Erkenntnisse motivierten mich und stimmten mich dahingehend hoffnungsvoll, mein Flimmern und all die dahinterliegenden Ängste doch noch heilen zu können. Viele Übungen, zusammen mit den unterschiedlichsten buddhistischen Belehrungen, wurden daher für mich zu einer gleichermaßen alltagstauglichen wie intelligenten und zugleich spirituellen Möglichkeit, ein tieferes Verständnis für meine derzeitige Situation, aber auch für mich als Mensch mit einer Biografie, die viel Leid mit sich gebracht hatte, zu erlangen. Mehr noch, ich erkannte, dass sich mein Leid bei genauer Betrachtung nicht wesentlich von dem Leid anderer Menschen unterschied. Immer und immer wieder hörte ich die Belehrungen von Jack Kornfield aus seinem Buch *Das weise Herz,* in dem er die universellen Prinzipien der buddhistischen Psychologie vermittelt. Nach und nach drangen diese in meinen Geist ein und halfen mir – neben Aussagen des Buddha sowie Meditationsanleitungen von verschiedenen anderen buddhistischen Lehrern –, mit normalen Ängsten besser umzugehen und manche pathologischen Ängste zu überwinden bzw. ihnen den Raum in meinem Leben zu geben, den sie für eine Ausheilung brauchten, ohne mich dabei zu übermannen. Und der Buddhismus half mir auch, Tag für Tag mehr zu mir selbst zu finden, ihn als einen Wegweiser zu mir selbst zu sehen, ohne ihn dabei aber zu verklären oder als eine Ideologie anzupreisen. Denn, so wusste schon Padmasambhava, der die Lehren des Buddha nach Tibet brachte: Es ist unmöglich, Buddha irgendwo anders zu finden als im eigenen Geist. Padmasambhava – auch »Guru Rinpoche«, »der kostbare Meister«, genannt – ging davon aus, dass jemand, der sich dessen nicht bewusst ist, einem Narren gleicht, der bei einem Auftritt vor einer Menschenmenge vergisst, wer er ist, und dann überall herumsucht, um sich zu finden.[6]

Besonders Jack Kornfield verdeutlichte mir in der ersten Zeit meiner Erkrankung auch, dass eine intensive spirituelle Praxis zwar bei der Heilung von Ängsten helfen kann, aber kein Allheilmittel ist, sondern im Falle einer solch massiven Angsterkrankung vielmehr eine flankierende Maßnahme bei einer ärztlichen Begleitung oder Therapie ist. Ein spirituelles Leben bringt ebenso Schwierigkeiten mit sich wie ein normales Leben, was der Buddha als das »unvermeidliche Leben an der Existenz« bezeichnete. Aber in einem spirituell ausgerichteten Leben – was für mich bedeutete, die Ursachen des Leids eingehend zu erforschen, ohne mich mit ihnen vollkommen zu identifizieren – können diese unvermeidlichen Schwierigkeiten zu einer Quelle unseres Erwachens werden, so Kornfield, und sie können dazu dienen, unsere Weisheit, unsere Geduld, unsere Achtsamkeit und unser Mitgefühl zu vertiefen. Und genau das war es, was ich mir langfristig wünschte. Dieser Ansatz gab mir die Hoffnung, meinen Zustand, das heißt, meine Symptome und die dahinterliegenden Ängste, als persönliche Quelle des persönlichen Wachstums zu verwenden. Ich wusste, dass ich mich ohne eine solche Orientierung mal mehr, mal weniger leidvoll durch mein Leben schleppen würde. Das wollte ich nicht. Ich wollte auch nicht, wie von dem Neurologen vorgeschlagen, starke Psychopharmaka nehmen. Meine Lebenszeit war mir hierfür definitiv zu schade. Die buddhistischen

Lehren, die ich hörte, weckten in mir die Hoffnung, nicht nur meine Symptome zu überwinden, sondern darüber hinaus auch langfristig tiefen inneren Frieden zu finden. Schließlich heißt es, dass unser Geist die Welt erschafft, in der wir leben. Das bedeutete, dass ich mir selbst eine Welt schaffen konnte, die frei war von Angst. Warum sollte ich mir so eine wundervolle Gelegenheit entgehen lassen?

Für mich persönlich ist der Buddhismus eines der ältesten und zugleich am vollkommensten entwickelten Systeme und die buddhistische Psychologie ein gleichermaßen hochmodernes und sinnvolles Werkzeug, das uns Menschen bei der Überwindung des eigenen Leides zur Verfügung steht. Das, was ich zu dieser Zeit hörte und las, vermittelte mir auch, dass ich mich weder für meine Ängste noch für meine Gier oder Ungeduld schämen oder verurteilen musste, sondern dass es sich hierbei um zutiefst menschliche Gefühle handelte. All die Texte, die ich in den Nächten hörte und immer wieder aufs Neue höre, führten und führen auch heute noch dazu, dass in mir langsam ein Umdenken von weniger Angst, Sorge, Enttäuschung und Zorn hin zu mehr Glück und innerer Zufriedenheit stattfindet und sich verfestigt. Auch wenn ich viele der Lehren in den letzten 20 Jahren bereits unzählige Male gehört und viele Meditationsanleitungen schon Tausend Mal praktiziert habe, so erlebe ich es immer wieder, dass ich eine buddhistische Weisheit höre und ich sie dann plötzlich mit jeder Faser meines Körpers und meines Geistes erfasse. Dann wird mir wieder einmal bewusst, dass »man die Wahrheit Tausend Mal hören muss, bis sie Wirklichkeit wird«[7].

Die Lehre des Buddha bildete auf meinem Weg der Annäherung an die Angst und die Auseinandersetzung mit ihr den Ausgangspunkt und das Ziel sowie zugleich den Kompass, und das besonders in solchen Momenten, in denen es um mich herum dunkel war und es aussichtslos erschien, pathologische Ängste zu bewältigen. Das Werkzeug auf diesem Weg bildeten zahlreiche buddhistische Praktiken und theoretische Belehrungen des Buddha, die ich im Laufe der Jahre kennengelernt hatte und die mir persönlich am wirksamsten erschienen. Gleichzeitig musste ich immer wieder überprüfen, was für mich passte, und dabei hielt ich mich an die folgende Aussage des Buddha: »So wie ein Goldschmied sein Gold zuerst prüft, indem er es schmelzt, schneidet und reibt, akzeptieren Weise meine Lehren erst nach vollständiger Prüfung, nicht nur aus Ehrerbietung mir gegenüber.« Deshalb modifizierte ich manche traditionellen Übungen und Meditationen entsprechend meinen eigenen Bedürfnissen. Aber sie alle halfen mir, die Ursachen der Symptome und der dahinterliegenden Ängste mit wohlwollendem Interesse, Mitgefühl und Achtsamkeit zu betrachten und entsprechend zu behandeln. Durch sie lernte ich, die Angst zu akzeptieren, statt sie loswerden zu wollen. Sie zeigten mir, wie es mir gelingen würde, der Angst Raum zu geben, statt sie verdrängen zu wollen. Erst mit all diesen Hilfestellungen konnte ich einige Ängste entweder langsam Stück für Stück verwandeln oder loslassen – und innerlich freier werden und wieder in Kontakt kommen mit meinem eigenen inneren Wesenskern, zu dem ich zu Beginn meiner Erkrankung überhaupt keinen Zugang mehr hatte.

Rückblickend ist es schwierig, eine genaue chronologische Abfolge des Heilungsprozesses zu beschreiben, denn die vielen Übungen, Belehrungen, Wanderungen, Globuli, Gespräche und Atemübungen wirkten alle wohltuend und heilend. Mal standen die Erdungsübungen im Vordergrund, dann wieder mehr die Atemübungen. Weiter fortschreitend im Prozess die Praxis der Achtsamkeit, dann brauchte es wieder eine Zeit in der Natur mit Wanderungen, Atmung und Stille. Dann war es wieder eine der zahlreichen Belehrungen, die mich mitten ins Herz traf und mir verdeutlichte, welches der nächste Schritt war, der auf meinem Weg zur Heilung anstand. Der Prozess war und ist komplex. Keine Praxis ist besser als die andere. Sie alle fügten sich wie ein Fotopuzzle zusammen, um den Menschen abzubilden, der ich durch meine Erkrankung geworden war.

Aber es gab auch Zeiten der Rückfälle, des Stillstands und damit einhergehend der Resignation. In besonders zähen Momenten, in denen ich das Gefühl hatte, nicht weiterzukommen und wieder von Neuem in der Angst zu versinken, orientierte ich mich immer an verschiedenen Aussagen des Buddha und machte sie zu meinem Mantra. Sätze wie: »Ganz gleich, wie beschwerlich das Gestern war, stets kannst du im Heute von Neuem beginnen« oder »Es ist für *jeden* denkenden und fühlenden Menschen möglich, innere Freiheit und Ruhe zu finden – mich eingeschlossen!« oder »Sei dir selbst ein Licht!«, halfen mir. Es waren viele Sätze, die zu Laternen wurden am Wegesrand der Heilung. Sie inspirierten mich, Schritt für Schritt barfuß meinen eigenen Weg weiterzugehen und dabei meinen Ängsten ins Gesicht zu schauen, die mir mal wie Dämonen im Weg standen, um mir dann wieder die Richtung zu weisen. Sie wurden zu meinen Weggefährten und zu meinen Lehrern, und statt vor ihnen wegzulaufen und mich im Außen zu verlieren, nahm ich sie an als ein großes Geschenk, das mir half, viel über mich selbst zu erfahren.

Und wenn wir offen sind für unser Leid, uns nicht darin verlieren, führen solch schmerzvolle Erfahrungen überhaupt erst dazu, dass wir aufwachen und lernen, uns selbst zu erkennen. Das ist ein großes Geschenk, denn oftmals denken wir, dass nur ein Leben, das wir als schön und reich an positiven Erfahrungen empfinden, von uns geliebt und akzeptiert werden kann. Weniger schöne Aspekte und schmerzvolle Erfahrungen beziehen wir nur dann mit ein, wenn deutlich wird, dass wir durch sie wichtige Einsichten und Reife erlangt haben. Die wahre Schönheit, sagt der Psychologe Wilhelm Schmid, zeigt sich aber oft erst im Gefolge von solchen Zeiten, die für uns in keiner Weise schön waren. Das schöne, bejahende Leben zeichnet sich nicht durch die Perfektionierung des Positiven aus, sondern dadurch, dass wir die Spannung zwischen den positiven und negativen Erfahrungen akzeptieren.

Ich akzeptierte meine Angsterkrankung nicht nur, sondern war im Nachhinein dafür sogar dankbar. Denn solche Erfahrungen machen mich demütiger dem Leben gegenüber. Dadurch lerne ich immer wieder, wie eine japanische Zen-Weisheit es so treffend ausdrückt, zu sein wie der Lotos, der im Schlamm zu Hause ist und seine Blüte erhobenen Hauptes aufrichtet und sich gleichzeitig vor dem Leben verbeugt, so wie es ist.

Auf Tuchfühlung mit der Angst

Angst ist ein zu unserem Dasein gehöriges Erleben;
in immer neuen Abwandlungen begleitet sie uns von der
Geburt bis zum Tode.
Wir können sie nicht vermeiden …;
Obwohl sie uns nicht immer bewusst ist, ist sie doch immer
gegenwärtig.
Jeder Mensch erlebt dabei seine persönlichen Abwandlungen
der Angst, die es eben nicht abstrakt gibt:
Jeder hat seine persönliche, individuelle Form der Angst.[8]

FRITZ RIEMANN

Nacht für Nacht lag ich in den ersten Monaten meiner Erkrankung wach. Es war die Angst, die mich weckte und wach hielt. Es war die Furcht vor etwas Schrecklichem, die mich immer wieder am ganzen Körper zittern ließ. Und es waren die buddhistischen Lehren, denen ich in diesen Stunden auf meinem iPhone zuhörte, soweit es die Angst überhaupt zuließ. Doch die Botschaften drangen immer zu mir vor und beruhigten mich früher oder später im Verlauf der Nacht wieder für ein paar Stunden. So vermittelte mir die buddhistische Meditationslehrerin Pema Chödrön Zuversicht, indem sie sagte, dass wir selbst entscheiden können, ob unsere Lebensumstände uns hart machen, sodass wir immer furchtsamer werden, oder ob sie uns weicher, sanfter machen für das, wovor wir uns fürchten.[9] Und der Buddha lehrte mich, Impulsen wie der Angst eine wache und bewusste Aufmerksamkeit entgegenzubringen, anstatt die Augen davor zu verschließen oder wegzulaufen.

Aussagen wie diese ermutigten mich, das, was mir Angst machte, zu untersuchen, und dem, was mich ängstigte, einen Namen zu geben. Diese Wahrheiten wirkten im Verlauf der Monate wie Medizin, denn sobald ich etwas, was mich ängstigte, untersuchen und benennen konnte, verlor es augenblicklich zum Teil oder auch ganz seine Macht über mich. Ein solcher Blick auf die Dinge, die mich ängstigten, im Kleinen sowie im Großen, brachte viel Licht in mein Leben. Manchmal brauchte es dazu nur einen einzigen Moment der Ruhe und geistigen Klarheit, der mich davor beschützte, besorgt und verängstigt wegzulaufen und mich stattdessen tief durchatmen und genau hinschauen und erkennen ließ, dass ein scheinbar gefährliches Tier oder gefährlicher Mann, das oder der mich auf einem Spaziergang in der Abenddämmerung aus dem Wald heraus beobachtete, nicht mehr war als der Schatten eines Baumstumpfes. Indem es mir gelang, in einer solchen Situation die Ruhe zu bewahren und das, was mich ängstigte, differenziert zu betrachten, erkannte ich, dass die Wandlung von einem harmlosen Baumstumpf in ein gefährliches Tier oder einen gefährlichen Mann einzig und allein in meinem eigenen Geist entstanden war. Ich allein war die Produzentin und Regisseurin meines eigenen Kopfkinos und ich allein war für die Inhalte der Filme verantwortlich, die in meinem Kopf abliefen.

Schauen wir den Konflikten, Situationen, Menschen, Herausforderungen und Krisen mutig ins Gesicht, anstatt wegzulaufen, dann verlieren all die kleinen und großen Ängste, die so gewaltig an unserem Herzen zerren, die uns den Schlaf rauben, unser Vertrauen in das Leben stehlen und so viel Leid in unserem Leben verursachen, ihre gewaltige Macht über uns. Dies lehrte mich Jack Kornfield in einer jener Nächte. Ich lernte daraus, dass ich all meine Ängste nur mit Mut auflösen konnte. Und nur durch Achtsamkeit konnte ich entspannen und inneren Frieden finden. Und nur durch Mitgefühl konnte die kostbare Energie, die die Angst gebunden hatte, wieder freigesetzt werden. Ängste zu erkennen und zu benennen, war ein erster Schritt auf dem Weg in ein selbstbestimmtes, angstfreies Leben. Sie zu untersuchen und einzuordnen, ein hilfreicher zweiter. Nur so verlor ich langsam die Angst vor der Angst. In den Situationen, in denen ich es nicht tat, blieb ich weiterhin ihre Geisel und fühlte mich weiterhin gelähmt und als Opfer. So lernte ich nach und nach, der Angst ins Gesicht zu schauen und sie, wenn auch sehr, sehr langsam, aber sicher durch tiefes Verständnis zu verwandeln. Dadurch verlor sie ihre Macht über mich. Dazu aber musste ich lernen, und auch das dauerte lange, meinem angsterfüllten Geist mit liebevoller Offenheit, Mitgefühl, Achtsamkeit und Geduld zu begegnen.

Für mich waren solche Belehrungen, die mir aufzeigten, wie ich konstruktiv mit der Angst umgehen konnte, überlebenswichtig. Denn wenn ich eines nicht bleiben wollte, dann ein Opfer oder noch schlimmer eine Geisel, gefangen in den Klauen der Angst. Ich wollte meinem Naturell entsprechend offen und neugierig wie sonst auch in meinem Leben handeln. Ich orientierte mich deshalb an dem Zen-Meister Shunryu Suzuki, der einmal gesagt hatte, dass es im Geist eines »Anfängers« viele Möglichkeiten gibt. Ich machte mir diese Weisheit zu eigen, übertrug diese Aussage auf meine Situation und versuchte, in Bezug auf die Angst einen so offenen Anfängergeist wie nur möglich zu entwickeln, was mir je nach Situation mal mehr, mal weniger gut gelang.

In den ersten Wochen meiner Erkrankung war an diesen Anfängergeist natürlich nicht zu denken. Zu sehr schüchterte mich das Flimmern nachts ein. Zu schnell stellte sich die Erinnerung an die tausend Punkte tagsüber zwischen meine Angst und meinen klaren Verstand. Es dauerte eine ganze Weile, bis ich wieder volles Vertrauen in meine eigene Wahrnehmung gefasst hatte, aber dann wurde ein neugieriger Blick auf meine eigene Situation hilfreich. Ja, er wies mir geradezu den Weg zurück in die Freiheit, die ich mir in kleinen Schritten zurückeroberte.

Diese kleinen zarten Schritte bestanden für mich in der akuten Phase meiner Angsterkrankung neben der Erdung durch Gartenarbeit besonders darin, neugierig zu sein und auszuprobieren, was mir guttat, statt erstarrt vor Angst in Untätigkeit zu verharren. Besonders hilfreich waren für mich anfangs neben dem Ausdauersport im Fitnessstudio die vielen Spaziergänge mit unserem Hund Roshi. Ihm musste ich auf den Spaziergängen nicht Rede und Antwort stehen. Vor ihm musste ich mich auch nicht verstellen. Ihm musste ich auch nichts beweisen, sondern er nahm mich bedingungslos so an, wie ich bin. Mit oder ohne Ängste.

Die Spaziergänge taten mir aber auch deshalb gut, weil ich mit jedem Schritt – mochte er noch so angstvoll sein – in Bewegung war. Ich kam jedes Mal etwas besser gestimmt nach Hause, als ich weggegangen war. Das war für mich immer ein Zeichen der Hoffnung. Es ist nämlich gerade die Starre, die uns so hilflos werden lässt. Und es war und ist die Bewegung, die mir immer wieder das Gefühl gab, dass etwas vorwärtsgeht. Auch wenn es manchmal zwei Schritte vor und einen zurückging, aus lauter Überengagement, die Angst loszuwerden. Denn schnell passierte es mir, dass ich mich auch beim Spazierengehen in Gedanken verlor und mehr durch den Park hastete als ging. Besonders anfangs musste ich aufpassen, auf meinen Spaziergängen nicht in den gleichen Autopiloten zu verfallen, wie ich es oft bei meiner Arbeit getan hatte. Da hatte ich alles durchgezogen und dabei funktioniert. Jetzt aber funktionierte dieses Prinzip nicht mehr und dennoch verfiel ich, wenn ich nicht wirklich im übertragenen Sinne barfuß Schritt für Schritt ging, in den ersten Wochen immer wieder in einen Automatismus. Deshalb wurden es besonders die bewussten und achtsamen Schritte, die mir dabei halfen, mich wieder in meinem Körper zu beheimaten, ihn wieder wahrzunehmen und nach und nach seine Grenzen zu spüren. Denn in der Nacht, in der mein Flimmern ausgebrochen war, war es geradezu so, als hätte mich meine Angst ein Stück weit aus meinem Körper herauskatapultiert, weil ich in diesem Moment das Gefühl hatte, dieses mir vollkommen unbekannte und nicht einschätzbare Phänomen und die daraus entflammte Angst nicht mehr auszuhalten. Womit diese Reaktion zusammenhing, erfuhr ich erst einige Monate später.

Durch das Spazierengehen fand ich aber nicht nur zurück in meinen Körper, sondern verband ich mich auch zum ersten Mal seit vielen Jahren wieder intensiv mit der Natur. Die Spaziergänge wurden quasi zu meiner täglichen Medizin. Mittlerweile ist die Heilkraft der Natur in vielen wissenschaftlichen Studien nachgewiesen. Schon der Anblick einer Wiese oder eines Waldes hat einen positiven Effekt auf das menschliche Wohlbefinden. In Japan etwa hat man den regelmäßigen Waldspaziergang als Psychohygiene entdeckt[10], und auch in jeder Gartenarbeit liegt schon ein Hauch von Zen verborgen.

Schon früher hatte ich mich in der Natur meist mehr zu Hause gefühlt als in den eigenen vier Wänden. Ich war viel zu Fuß gegangen oder mit dem Rad gefahren. Mit zunehmender Arbeit hatte ich unmerklich den Bezug dazu verloren. Ich glaubte, keine Zeit mehr dafür zu haben. Erst jetzt, als die Krankheit mich zwang, mein Leben genauer zu untersuchen, merkte ich, wie sehr mir die Natur gefehlt hatte. Und nun nahm ich mir endlich wieder Zeit dafür. Draußen, egal ob in München an der Isar, im Englischen Garten oder an den umliegenden Seen, suchte ich nach den Orten, an denen mich kein Lärmen und keine Hektik mehr umgaben. Hier kam mein Geist langsam wieder zur Ruhe. Hier beruhigte sich mein Kopf nach langen Spaziergängen genauso, wie sich die Oberfläche eines Sees nach einem heftigen Sturm wieder langsam beruhigt. Oft ging ich stundenlang spazieren. Manchmal machte ich mich bereits frühmorgens auf, wenn die Sonne aufging. Manchmal lief ich erst später los, nachdem ich eine Zeit lang gearbeitet hatte. Ich ging und ging und ging. So, als würde es um mein Leben gehen. Und bei jedem Schritt unter freiem Himmel hatte ich wieder das Gefühl, mich als Teil der Natur zu erleben. Je mehr ich den Wind wieder in meinen Haaren wahrnahm, die Verbindung zur Erde über die Füße spürte, den Geruch des Waldes in mich aufsog, die Sonne auf meiner Haut spürte, desto unverstellter wurde meine Wahrnehmung von mir selbst und meinem Körper. Ich fing an, das Leben wieder um seiner selbst willen zu genießen. Ich lebte, um zu leben. Nicht, um etwas zu leisten. Nicht, um etwas zu beweisen. Nicht, um mir ein paar Stunden in der Sonne zu verdienen. Das Leben hatte mich wieder. Und damit einhergehend viele Lektionen, die ich jetzt lernen durfte.

Dazu gehörte unter anderem, dass ich jetzt auch solch unbewusste Reaktionen wieder viel bewusster wahrnahm als in den Zeiten, in denen ein Auftrag dem nächsten folgte und ich überhaupt keine Zeit mehr gehabt hatte, über mich selbst und manche Verhaltensweisen zu reflektieren. So kam ein paar Wochen nach Ausbruch meiner Angsterkrankung ein Auftrag zustande, auf den ich mich schon ein Jahr lang gefreut hatte. Immer wieder war er verschoben worden, und jetzt erledigte ich ihn viel bewusster, als ich es noch vor zwei Jahren getan hätte. Es ging darum, Artikel über Wanderwege des Karwendels zu schreiben. Ich sagte natürlich zu! Ich wandere für mein Leben gerne. Als ich am ersten Tag loswandern wollte, fühlte ich mich allerdings sehr unwohl bei dem Gedanken, allein durchs Gebirge zu gehen. Obgleich ich mich eigentlich freuen sollte, stieg wieder Angst in mir auf. Zuerst führte ich diese Angst auf meine aktuelle Situation zurück, was aber im Widerspruch dazu stand, dass ich so gerne wanderte. Dann begründete ich meine Wanderunlust vor mir selbst damit, dass es zu zweit mehr Spaß machen würde; schließlich war ich bislang immer zu zweit oder in kleinen Gruppen in die Berge gegangen. Ein anderer Grund war, dass ich nicht die idealen Schuhe im Gepäck hätte, oder dass die Wetterverhältnisse umschlagen könnten. Allerdings war das Wetter zu gut und die Wetterlage zu stabil, um das als Ausrede gelten zu lassen. Alle äußeren Umstände passten.

Am ersten Tag machte ich dennoch nur eine sehr kleine Wanderung. Die Angst hatte ich dabei im Nacken sitzen. Spaß machte es mir nicht. Dabei hatte ich mich doch gerade auf diesen Auftrag so gefreut, weil er mir ermöglichte, viel in den Bergen zu sein und dort zu wandern. Ich war verzweifelt, weil ich befürchtete, dass sich meine Erkrankung jetzt noch mehr ausweiten würde und alles auffressen würde, was mir lieb und teuer war. Doch genau an diesem Tag erinnerte ich mich zum Glück an die Aussage des Buddha, den Ängsten auf den Grund zu gehen. Noch am selben Abend untersuchte ich meine Angst hinsichtlich des Wanderns. Ich ging ihr in der Meditation nach, kontemplierte und bat um einen Traum oder irgendwelche Hinweise. Es passierte nichts. Am nächsten Tag machte ich wieder nur eine kurze Wanderung und hatte erneut die Angst im Genick. Es war schrecklich. Ich hatte Angst, dass mir etwas zustoßen würde, obwohl mir noch nie im Leben etwas in den Bergen passiert war. Ich hatte Angst, dass ich Opfer eines Überfalls werden würde, obwohl dort kein Mensch unterwegs war. Meine Ängste waren unrealistisch und rational nicht nachvollziehbar. Es dauerte ein paar Tage, bis ich den Grund dafür fand, der mir im ersten Moment wie ein Aberwitz vorkam. Ich hatte geradezu panische Angst davor, allein zu wandern. Auf alles wäre ich gekommen, nur nicht darauf.

»Das Annehmen und Meistern der Angst bedeutet einen Entwicklungsschritt, lässt uns ein Stück reifen«, so Fritz Riemann. »Das Ausweichen vor ihr und vor der Auseinandersetzung mit ihr lässt uns dagegen stagnieren.«[11] Ich war erstaunt, dass etwas, was ich über alles liebte, mir Angst machte. Und genauso erstaunt war ich über die Erkenntnis, dass ich auch hier im Verlauf der Jahre unbewusst Ausweichmechanismen entwickelt hatte, die ich auf den ersten Blick gar nicht als solche erkannt hätte: Ich war nie allein gewandert. Dabei war ich doch schon viele Male allein durch die Welt gereist. Egal ob mich meine Reisen durch Europa, nach Amerika oder Asien geführt hatten. Sie alle hatten mir große Freude bereitet. Es war gerade das Gefühl gewesen, allein die Welt zu erkunden, was mir sogar eine gehörige Portion Selbstvertrauen vermittelt hatte. Wieso in Herrgotts Namen packte mich nun plötzlich die Angst davor, allein in den heimischen Bergen zu wandern? Zumal es hier weder Bären, wie sie mir in New Mexico auf einer Gruppenwanderung begegnet waren, noch giftige Skorpione gab, auf die ich während einer Wanderung in der Wüste Obacht geben musste. Eine Erklärung fand ich auf Anhieb nicht.

Auch wenn ich den Grund für die Angst auf den ersten Blick nicht ausmachen konnte, so wollte ich sie auf jeden Fall meistern. Deshalb wurden meine Wanderungen jetzt von Tag zu Tag länger. Wohl fühlte ich mich dabei nicht. Ausweichen wollte ich dennoch nicht. Dafür war die Natur hier viel zu schön. »Nichts lähmt die Flügel der Seele so sehr wie Angst«, heißt eine Weisheit. Und nichts verleiht meiner Seele so sehr Flügel wie Stunden in der Natur, weiß ich aus persönlicher Erfahrung. Um mir selbst ein Gefühl der Sicherheit zu vermitteln, erzählte ich dem Hotelpersonal jeweils von meinen geplanten Wanderrouten. Mein funktionsfähiges Handy hatte ich in der Hosentasche. Meinen Mut im Gepäck. Die Angst allerdings auch. Sie wog schwer und machte das Wandern mühselig. Gratwanderungen unternahm ich keine. Und ich mied felsiges Gelände, in dem ich hätte verunglücken können.

Trotzdem blieb die Angst. Am laufenden Band produzierte sie dramatische Gedanken und saß mir die ganze Zeit auf eine sehr unangenehme Weise im Genick. Sie drängte mich, schneller zu laufen, als mir lieb war. Sie forderte mich auf, permanent den Horizont nach Gefahren abzusuchen, was mich nicht wirklich entspannen ließ. Bei Strecken, die durch einen Wald führten, produzierte sie die wildesten negativen Fantasien. Sie ließ meinen Atem und meinen Gang schnell werden. Sie verhinderte, dass ich die Wanderungen von ganzem Herzen genießen konnte. Sie ließ erst wieder von mir ab, wenn ich unterwegs auf eine Alm kam, auf der viele Besucher waren, oder abends sicher in mein Hotel zurückkehrte.

Während dieser Wanderungen war mein Geist wie ferngesteuert. Die Bilder in meinem Kopf waren dominant. Das Gefühl dazu unangenehm und beklemmend. Mein Körper verspannt. Ich verstand mich selbst nicht. Wieso hatte ich keine Angst, allein durch die Welt zu reisen, aber war nicht in der Lage, allein eine mehrstündige Wanderung in der eigenen Heimat zu unternehmen? Ich kontemplierte diese Frage immer wieder. Schließlich wollte ich die Angst ja meistern! Und dann eines Tages fand ich die Antwort.

Die Leiche im Wald

An diesem Tag setzte ich mich hin und wollte in dem Bewusstsein meditieren, an jenen Ort zu gehen, den ich auf Wanderungen fürchtete. Mutig. Bereit, mich dem zu stellen, was auftauchen wollte. Plötzlich tauchte ein Bild vor meinem inneren Auge auf, das ich viele Jahre vergessen hatte. Es war das Bild einer Frauenleiche. Es war ein Bild aus der Fernsehsendung *Aktenzeichen XY ... ungelöst*, das ich als Jugendliche gesehen hatte. In einem der gezeigten Fälle hatte eine Familie im Wald eine Frauenleiche gefunden. Der Mörder hatte sie im Boden verscharrt, nur die Haare waren zu sehen. Dieses schauervolle Bild hatte sich fest in mein Gedächtnis eingegraben. Gleichwohl konnte ich mich lange nicht mehr bewusst daran erinnern. Aber seit dieser Sendung war ich nicht mehr allein in einen Wald oder zum Wandern gegangen. Daran erinnerte ich mich erst jetzt! Nun wurde mir bewusst, wo diese Angst ihre Wurzeln hatte. Und in dem Moment, in dem ich erkannte, was genau mich so ängstigte, konnte ich von nun an mit einem anderen Bewusstsein auf die Wanderungen gehen. Auch wenn die Angst auf den nächsten Wanderungen noch mit dabei war, so reduzierte das Wissen um ihre Ursache tatsächlich ihre immense Kraft. Jetzt war sie mir nicht mehr fremd und der Grund ihres Daseins bekannt. »Nur das Unbekannte ängstigt den Menschen«, sagt Antoine de Saint-Exupéry. »Sobald man ihm die Stirn bietet, ist es schon kein Unbekanntes mehr.«

Sobald ich in den kommenden Wochen auf meinen Wanderungen merkte, dass die Angst mich in einem Waldstück wieder eng werden ließ, mein Herzschlag sich erhöhte, und ich wieder begann, mir im Kopf Horrorszenarien auszumalen, hielt ich bewusst inne und wurde langsamer. Immer wieder sagte ich mir: »Ich bin hier sicher, und alles ist o. k.« Dann ging ich langsam weiter und versuchte, mit meinem Atem Schritt zu halten, anstatt mich von der Angst antreiben zu lassen. Ich suchte bewusst nach schönen Dingen in der Landschaft, die meine Aufmerksamkeit von der Angst ablenkten. Ich roch das Holz der Bäume und holte mich dadurch in den gegenwärtigen Moment zurück. Ich spürte ganz bewusst den weichen Boden unter meinen Füßen und fühlte mich in dem Moment getragen von der Erde. Das gelang mir, je nach meiner psychischen Gesamtverfassung, natürlich mal besser, mal schlechter. Aber von Mal zu Mal schaffte ich es besser, dieses schreckliche Bild der verscharrten Leiche durch stimmungsvolle Bilder der malerischen Alpenlandschaft zu ersetzen. Nach und nach gelang es mir, mich von der Angst abzuwenden und den energiespendenden Seiten der Berge und der Natur zuzuwenden, sie in mich aufzunehmen und davon zu profitieren. Natürlich gab es auch später immer wieder Situationen, in denen ich bei Wanderungen Angst hatte. Besonders bei schlechtem Wetter und während eines Gewitters, mitten in den Bergen. Aber jetzt hatte die Angst etwas Gesundes.

Durch diese vielen Wanderungen war es mir nicht nur gelungen, eine alte Angst zu überwinden, sondern in diesen Wochen wurde mein Leben endlich wieder einfach und bekam wieder einen Bezug zum ganz realen Leben, weit weg von den virtuellen Welten, in denen man ganz schnell vergisst, dass man einen Körper besitzt. Am heilsamsten waren jene Tage, an denen ich von morgens bis abends wanderte. Es waren Tage, die reduziert waren auf Wesentliches. Wandern. Essen. Schlafen. Einfach nur gehen. Schritt für Schritt. Einfach nur steigen. Meter für Meter. Bis ich oben an der Hütte oder am Gipfel angekommen war. Es waren unvergessliche Momente, wieder in und mit der Natur zu sein. Ich weiß noch genau, wie es sich anfühlte, als ich auf einer dieser Wanderungen wieder diese tiefe Verbundenheit mit der Natur spürte, die mir als Kind so vertraut gewesen war, die ich aber mit dem Älterwerden immer mehr verloren hatte.

Es war an einem dieser unvergesslich schönen Sommertage, als ich wieder einmal durch einen Wald wanderte. Ich kam an eine Lichtung, und da erblickte ich vor mir einen Berggipfel. Mein Blick ging hinauf in die schwindelerregende Höhe, die ihn von mir trennte, an den einzelnen Bäumen und Felsspalten entlang. Ich blieb stehen und wusste nicht weiter. Ich musste erst einmal wieder Maß nehmen an dieser gigantischen Natur und mich auf diese überwältigenden Größenverhältnisse einstellen, bei denen mein eigener, gerade so fragiler Körper wieder zum Teil dieser jahrtausendealten und gewaltigen Berge wurde. Nach all den Jahren, in denen ich dieses Maß durch die virtuellen Welten vollkommen verloren hatte, war es jetzt wie ein Nachhausekommen. Ein Gefühl von natürlicher Zugehörigkeit in ein unendlich großes Universum, das nie endet und gleichzeitig in mir seinen Widerhall findet. Was diesen Moment noch so unvergesslich machte, war der plötzliche, heftige Wind, der mir vom Gipfel entgegenblies. Es war, als würde er mir den jahrtausendealten Atem der Berge entgegenblasen. Etwas Klares, Erfrischendes und Befreiendes war in diesem Atem, etwas, das mich aufwachen ließ und mir in diesem Moment klarmachte, dass ich im Begriff war, einen neuen Weg in meinem Leben zu gehen. Ob ich dabei einen Gipfel erreichen würde oder nicht, wurde in dem Moment zweitrangig. Wichtig war es vielmehr, diesen Weg besonnen, achtsam und meinem eigenen Tempo entsprechend zu gehen. Ungeachtet irgendwelcher gesellschaftlicher Vorgaben. In diesem Moment hatte ich vor lauter Glück Tränen in den Augen. Ich schaute auf meine Wanderstiefel, die ganz anders aussahen als die Siebenmeilenstiefel, die ich zum Glück längst hinter mir gelassen hatte.

Mara, der Gott des Bösen

In der buddhistischen Tradition werden Impulse wie die Angst als »Mara«, als Gott des Bösen, bezeichnet. Mara steht als Metapher für das, was uns Angst macht und physisch und psychisch Leid in uns verursacht, wenn wir das Leben anders haben wollen, als es gerade ist. Jeder Mensch hat früher oder später in seinem Leben Angst. Es gehört zum Menschsein dazu. Egal ob Anfänger oder Fortgeschrittener auf dem spirituellen Weg, egal ob Buddhist, Christ oder Atheist. Es wäre eine Illusion zu glauben, wir könnten ein Leben ohne Angst führen, da sie zu unserer Existenz gehöre und eine Spiegelung unserer Abhängigkeiten und des Wissens um unsere Sterblichkeit sei, konstatiert der Psychologe Fritz Riemann und erklärt weiter, dass wir nur versuchen könnten, Gegenkräfte wie Mut, Vertrauen, Erkenntnis, Macht, Hoffnung, Demut, Glaube und Liebe zu entwickeln.

Der Mönch und die Angst

Dass Ängste scheinbar zum Leben eines jeden Menschen gehören, es aber darauf ankommt, ob wir sie zulassen und wie wir dann mit ihnen umgehen, erfuhr ich auf nachdrückliche Weise durch die Begegnung mit einem Mann, den ich bei einer meiner Wanderungen auf einer Hütte traf. Unser Gespräch wurde sehr schnell sehr persönlich. Nachdem ich ihm von meiner Angsterkrankung erzählt hatte, öffnete er sich mir gegenüber ebenfalls. Er erzählte mir von seiner Vergangenheit. Er hatte seit seinem dreißigsten Lebensjahr in Thailand in einem Kloster gelebt.

Vor drei Jahren war es zu einer grundlegenden Meinungsverschiedenheit zwischen der Klosterleitung und ihm gekommen, sodass er, damals fünfzigjährig, das Kloster verlassen musste. Nur wenige Wochen später kehrte er schließlich als mittelloser Mann nach Deutschland zurück, weil er hier ja geboren worden war. Dann lachte er und meinte, dass er im Kloster immer wieder Menschen getroffen hätte, die unter Angst litten, er dies aber niemals hätte nachvollziehen können, weil er sich im Schutze der Klostermauern immer sicher und aufgehoben gefühlt hätte. Jetzt aber wurde er zum ersten Mal auf eine sehr massive Weise mit seinen Existenzängsten konfrontiert und war zutiefst verzweifelt, weil er nicht damit gerechnet hatte, dass es etwas in seinem Leben geben würde, was ihn in seinen Grundfesten so erschüttern würde wie die Angst. Diese Begegnung machte mich zutiefst betroffen, weil der Mann auch bei unserer Begegnung noch immer nicht wusste, wie sein Leben weiter verlaufen würde. Er hatte immer noch keine Arbeit. Und er hatte nach wie vor keine eigene Wohnung. Aber eines hatte er gelernt: dass man nie vor so elementaren Kräften wie der Angst gefeit ist.

Der Buddha und Mara

Die Begegnung mit diesem Mann hatte mich in gewisser Weise beruhigt, denn sie zeigte mir, dass auch eine lange Meditationspraxis, so wie ich sie selbst ja auch besaß, uns nicht vor Ängsten feien kann. Und in solchen Nächten, in denen meine Angst besonders groß war, erinnerte ich mich immer wieder an den Buddha, der sich in der Nacht vor seiner Erleuchtung mit Mara, dem Gott des

Bösen, konfrontiert sah, der ihn mit allen Mitteln von seinem Weg abhalten wollte. Mara rief unterschiedliche Erscheinungen an. Unter anderem fuhr er ganze Armeen von gewalttätigen Kriegern auf, um dem Buddha Angst einzujagen. Als dieser nicht reagierte, ließ Mara die schönsten Frauen des Reiches kommen, die den Buddha verführen sollten. Der hingegen durchschaute Maras dunkle Absichten und erkannte, dass wahres Glück, bis hin zur letzten Erleuchtung, nur in uns selbst zu finden ist. Auch wenn ich nicht die Erleuchtung anstrebte, so half mir diese Geschichte doch auf meinem Weg aus der Angst. Hier diente mir der Buddha als ein großes Vorbild, mich meinen Ängsten zu stellen, statt den Kopf in den Sand zu stecken. Wenn eine so grundlegende Auseinandersetzung im Großen die Erleuchtung zur Folge haben kann, warum sollte dann eine Bewältigung von kleineren Ängsten nicht auch zu mehr Zufriedenheit und Entspannung führen und eine grundlegende positive Veränderung im Leben einläuten?

Pema Chödrön brachte für mich die Weisheit des Buddha ganz praktisch auf den Punkt und forderte mich dabei zugleich auf, an jene Orte zu gehen, die ich fürchtete. Ihrer Ansicht nach ist es nicht die Angst selbst, die schlimm ist, sondern es ist eher die Angst vor der Angst, die uns schadet. Chödröns Aussage inspirierte mich. Und die Erfahrung mit dem Wandern hatte mir gezeigt, dass es sich lohnt, nach den Wurzeln der Angst zu suchen. Deshalb suchte ich meine Ängste in den kommenden Wochen und Monaten bewusst auf. Ich recherchierte viel über die allgemeine Betrachtung der verschiedenen Formen der Angst aus westlich-psychiatrischer Sicht, las über die diffusen und die konkreten, die gesunden und die krankhaften Ängste. Und bei alldem hatte ich immer die Frage im Hinterkopf, welche Ängste hinter meinem eigenen Symptom stehen könnten. Ich fand theoretisch zwar Antworten, brauchte aber praktische Unterstützung, um meine Ängste beim Namen nennen und bei der Wurzel fassen zu können.

Der Facettenreichtum der Angst, der mir bei meiner Recherche begegnete, überraschte mich. Wie sehr Angst einem Menschen das Leben zur Hölle machen kann, erschütterte mich. Wie viele Menschen darunter leiden, erstaunte mich. Eine tief gehende Auseinandersetzung mit pathologischen und schweren Ängsten beunruhigte mich. Deshalb suchte ich als Erstes nach positiven Aspekten der Angst. Ich wollte sie schließlich überwinden und nicht mit weiteren Ängsten nähren. Ich wollte die Angst vor der Angst verlieren und nicht noch mehr Ängste aufbauen. Was aber genau ist die Angst?

Gesunde Angst – ein überlebenswichtiges Gefühl

Die Angst zählt zu den angeborenen menschlichen Gefühlen und zu den grundlegenden Gefühlen der Menschen, ähnlich wie Freude, Scham, Trauer, Wut und Liebe. Sie spielt für das menschliche Überleben eine ganz zentrale Rolle. Aus der Evolutionsbiologie ist bekannt, dass sie da ist, um uns zu beschützen. Die Amygdala, jener mandelförmige Bereich im Mittelhirn, ist für die Angst zuständig, und diese Amygdala ist geradezu übereifrig und schießwütig. Das muss sie auch sein. Werden wir bedroht oder befinden wir uns in einer lebensgefährlichen Situation, müssen wir so schnell wie möglich reagieren, und das können wir nur mit ihrer Hilfe.

Wird die Amygdala durch ein Gefahrensignal aktiviert, verbindet sie sich sofort mit dem Hirnstamm und löst eine körperliche Reaktion aus, die den rationalen Teil des Gehirns umgeht. Diese unmittelbare erste Reaktion passiert in einem Bruchteil von Sekunden. Das heißt, noch bevor wir uns versehen und überhaupt realisieren, ob das vor uns zum Beispiel wirklich eine giftige Schlange oder eine gefährliche Person ist, befinden wir uns bereits in einer Flucht- oder Kampfreaktion. Würden wir erst lange überlegen, ob etwas tatsächlich gefährlich ist oder nicht, wären wir schon tot, noch bevor wir zu einer Erkenntnis gekommen sind.

Oft aber ist die vermeintliche Schlange nur eine diffuse Erinnerung aus unserer Vergangenheit, die von irgendetwas aus der Gegenwart getriggert wurde. Ebenso kann es passieren, dass uns eine bestimmte Geste an unseren cholerischen Vater erinnert, der damals quasi unser Leben bedroht hat. Wenn dann jemand die Hand hebt, um uns zum Beispiel einen schönen Baum oder etwas in der Luft zu zeigen, kann sich das schon wie eine Bedrohung anfühlen. Der Bauch zieht sich zusammen, der Nacken verkrampft sich, und wir reagieren auf etwas, was eigentlich harmlos ist.

Je nach Situation, ob realistisch oder nicht, alarmiert die Angst die ganze Aufmerksamkeit eines Menschen blitzschnell. Der Körper reagiert sofort: Die Verdauung wird heruntergefahren, Gehör- und Sehsinn werden geschärft, die Muskeln spannen sich an. Herzfrequenz, Atmung und Blutdruck nehmen zu, und wir beginnen, zu schwitzen und zu zittern. Die körperlichen Reaktionen auf Angst sind in ihrer Ausprägung jedoch von Mensch zu Mensch unterschiedlich. Ist die Bedrohung vorbei, schwinden auch die Symptome. Das Problem ist allerdings, dass in der heutigen Welt die wenigsten von uns regelmäßig in lebensbedrohliche Situationen kommen, unsere Gehirne aber dennoch so reagieren, als ob dies der Fall wäre. Dann bleibt der Sympathikus, das heißt, der Teil unseres vegetativen Nervensystems, der den Körper in einen Zustand höchster Aufmerksamkeit bringt, aktiv und kommt, wenn sich solche vermeintlich gefährlichen Situationen wiederholen, nicht zur Ruhe. Die Angst bleibt im Körper. Der Stress steigt.

Die Angst als Triebfeder

Realistische und gesunde Ängste haben auch mir bereits hier und da das Leben gerettet. Als junge Tramperin stieg ich nicht in jedes Auto. Besonders dann nicht, wenn mir ein Fahrer allein durch sein Aussehen Angst einjagte. An manchen Stränden ging ich nicht zu weit ins Meer, aus Angst zu ertrinken. Vor wichtigen Prüfungen am Abendgymnasium und an der Universität lernte ich viel, aus Angst durchzufallen.

Die Angst forderte mich aber auch immer wieder dazu auf, meine eigenen Grenzen zu erforschen, zu weiten und zu überschreiten. Sie trat immer dann in mein Leben, wenn ich mit den großen und kleinen Herausforderungen konfrontiert wurde. Als Kind war es der Sprung vom 3-Meter-Brett in der Badeanstalt, als Jugendliche die Abfahrt einer schwarz markierten, also besonders schwierigen Piste, als junge Frau der Umzug vom Dorf in die

Großstadt oder eine mehrmonatige Reise allein durch Asien. Wann immer ich die Angst solcher Herausforderungen überwunden hatte, fühlte ich mich mutig, stark und frei. Es war gerade dieser süße Geschmack der unendlichen Freiheit, der mich dazu antrieb, immer noch ein Stück mutiger zu werden, noch eine schwarze Skiabfahrt zu wagen, noch eine Reise zu machen oder etwas anderes, ganz Neues auszuprobieren, um so meine eigenen Grenzen in einem gesunden Maße auszuloten. Ein Teil in mir wusste, dass ich mich vom Leben abschneiden würde, sollte ich verschiedene Situationen aus Angst meiden. Viel zu neugierig war ich auf die große weite Welt. Und viel zu schön war das, was sich mir mit jedem Mal offenbarte, nachdem ich meine Angst ein Stück überwunden hatte, immer meinem Alter und meinen eigenen psychischen und physischen Möglichkeiten entsprechend. Indem ich mich meiner Angst stellte, eröffneten sich mir neue Möglichkeiten. So wurde ich nicht zum Opfer meiner Angst.

Für mich waren manche Ängste sogar das Salz in der Suppe meines Lebens, machten es geradezu schmackhafter. Sie stärkten meinen Mut, inspirierten mich, spornten mich an, bisweilen zu Höchstleistungen – und das über Jahre. Dies ist übrigens ein weitverbreitetes Phänomen. Durch unsere Ängste können wir in kurzer Zeit viel leisten. Der dänische Philosoph Søren Kierkegaard schreibt, dass die Angst unendliche Möglichkeiten des Könnens enthalten und dadurch den Motor menschlicher Entwicklung bilden kann.[12]

In meinem Fall war die Angst zugleich Motor und Sand im Getriebe. Vor meiner Angsterkrankung dachte ich immer, es wäre nur meine natürliche Neugierde allem Unbekannten und dem Leben gegenüber gewesen, die mich an-

hätte. Und auch in meinem Umfeld gab es viele
en, die nicht müde wurden, mir Mut zuzuschrei-
mich dafür auch bewunderten. Erst im Zuge einer achtsamen Auseinandersetzung mit mir und meinen Ängsten erkannte ich, dass Mut und Neugierde getragen werden von einem Gefühl der Entspannung und heiteren Zuversicht. Mein Tatendrang hingegen war nicht immer, aber doch oftmals gespeist von einer inneren Unruhe und hohen Nervosität. Gleichzeitig nahm der Aspekt, dass Angst eine Triebfeder ist, mir ein weiteres Stück Angst vor der Angst. Die Angst war somit nicht nur ein Wächter vor Gefahren, sondern auch eine Quelle der Inspiration. Dies galt aber nicht nur für mich, sondern, wie ich im Rahmen meiner Recherche erfuhr, für zahlreiche Künstler. Selbst ein Genie wie Picasso war von Angst getrieben: »Jeder Versuch, Picasso zu verstehen, bleibt hoffnungslos, wenn wir nicht davon ausgehen, dass er niemals einen Menschen so nah an sich heranließ, dass dieser hätte erahnen können, welch immense Angst in ihm lauerte«, so Norman Mailer. »Eine seiner beachtlichsten Leistungen während der mehr als 90 Jahre seines Lebens bestand darin, diese große innere Angst so weit zu beherrschen, dass sie ihn zum Arbeiten anregte – und wie er arbeitete! Arbeit war sein Zaubertrank gegen die Angst.«

Jede Zeit hat ihre Ängste

Neben Ängsten, die zum Menschsein gehören und an denen jeder Mensch manchmal mehr, manchmal weniger intensiv und lange leiden kann, hatte und hat jede Zeit ihre ganz eigenen Ängste, mit denen wir konfrontiert werden und die es zu bewältigen gilt. Früher waren es Säbelzahntiger, die die Menschen bedroht haben. Später waren es Kriege, tödliche Krankheiten, schwarze Magie, Armut, die Inquisition, der Kalte Krieg, AIDS oder das Jahr 2012. Je nach Jahrhundert wurde die Menschheit von unterschiedlichen Ängsten begleitet. Manche Wissenschaftler gehen davon aus, dass die Angst noch nie so omnipräsent war wie heute. Für den Schweizer Psychiater und Psychoanalytiker Raymond Battegay[13] hängt dieses Phänomen damit zusammen, dass die Menschen immer mehr vereinsamen. Lebten wir früher in einer Sippe und sahen uns als Gruppe vom Tiger bedroht, müssen heute viele Menschen einen Großteil ihrer Lebensaufgaben allein bewältigen. So positiv die Betonung einer persönlichen Autarkie auf der einen Seite ist, so bringt sie doch auf der anderen Seite auch viele Nachteile mit sich: nämlich das Gefühl, keine Geborgenheit mehr zu erfahren. Diese Ängste durchleiden heute insbesondere ältere Menschen, die keine Verwandten haben oder die trotz Verwandten in ein Alten- oder Pflegeheim ziehen müssen, wo – wie verschiedene Untersuchungen gezeigt haben – oft katastrophale Verhältnisse herrschen.

Jeder Mensch hat Angst

Die differenzierte Auseinandersetzung mit der Angst zeigte mir, dass wir alle von kleinen oder großen Alltagsängsten gebeutelt werden. Tragisch wird es erst dann, wenn unsere Angst vor Situationen oder Menschen, vor denen man normalerweise keine Angst haben bräuchte, so zunimmt, dass sie uns einen ganz normalen Tagesablauf erschwert.[14] Laut Borwin Bandelow, Arzt für Neurologie, Psychologie und Psychotherapie, leiden Menschen dann unter ihren Ängsten, wenn die alltäglichen Sorgen und Befürchtungen im Vergleich zu den zerstörerischen unrealistischen Ängsten deutlich in den Hintergrund treten. Diese Ängste haben letztlich wenig mit den wirklichen Gefahren zu tun, die uns bedrohen. So litt zum Beispiel – wie Borwin Bandelow berichtet – eine seiner Patientinnen mehrmals am Tag unter der Angst, im nächsten Moment sterben zu müssen. Dabei war sie körperlich vollkommen gesund. So eine Form von Angst ist natürlich krankhaft. Eine andere Patientin verließ in den Sommermonaten das Haus nicht, weil sie befürchtete, eine Wespe könnte ihr in den Mund fliegen und sie stechen, sodass sie ersticken würde. Ein weiterer Patient argwöhnte, dass ihn fremde Wesen aus dem All bestrahlten, um seine Gedanken im Internet verbreiten zu können. Und ein letztes Beispiel aus der Praxis von Dr. Bandelow: Ein Patient hatte aufgrund seiner übermächtigen Angst vor Zahnärzten schließlich keinen einzigen Zahn mehr im Mund.

Aber da war noch etwas, was durch meine Recherchen meinen Blick auf die Angst korrigierte und damit meine Vorstellung von ängstlichen Menschen. Jeder Mensch kann Angst haben! Bislang war ich immer davon ausgegangen, dass ängstliche Menschen in erster Linie Stubenhocker und schüchterne Leute sind. Doch das stimmt nicht! Ängstliche Menschen sind Menschen wie du und ich. Es sind Menschen, die mir auf der Straße begegnen, genauso wie Menschen, deren Vorträge ich besuche und dabei vielleicht beeindruckt bin von ihrer Art, in der Öffentlichkeit zu sprechen. Ja, selbst Schauspieler, die in Filmen den großen Helden spielen, können im privaten Leben genauso von Versagensängsten geplagt werden wie Lieschen Müller, die sich nicht traut, gegen ihren Mann oder Vorgesetzten das Wort zu erheben.

Der Engländer Charles Darwin, der Begründer der Evolutionstheorie, bekam mit 28 Jahren unerklärliche Anfälle von Todesangst. Er hatte große Angst vor Menschenmengen, Festen, Reisen und vor dem Alleinsein. Der italienische Komponist Antonio Vivaldi wurde von Panikattacken geplagt, und die amerikanische Sängerin Barbra Streisand litt unter einer solch schweren sozialen Phobie, dass sie 20 Jahre lang nicht mehr öffentlich auftrat, nachdem sie einmal bei einem Konzert im Central Park in New York ein paar Worte eines Songs vergessen hatte. Der Schriftsteller John Steinbeck war derart von sozialen Ängsten befallen, dass er zum Alkoholiker wurde und sich einmal zwei Jahre lang in eine einsame Berghütte zurückzog. Und der deutsche Komiker Heinz Erhardt, den ich als Kind geliebt habe, trug bei seinen Auftritten immer eine Brille mit Fensterglas, durch die er nur verschwommen sehen konnte[15]. Niemals wäre ich auf die Idee gekommen, dass sein Humor Hand in Hand mit der Angst ins Fernsehstudio gegangen ist.

Verschiedene Formen der krankhaften Angst

Die Psychiatrie unterscheidet verschiedene Formen von Angsterkrankungen, die zudem nach Stärke und Auftreten variieren können. Besonders häufig sind Phobien. Hierbei werden Ängste durch allgemein ungefährliche Situationen oder Objekte hervorgerufen. Charakteristischerweise werden solche Situationen oder Objekte gemieden oder voller Angst ertragen. Phobische Ängste sind subjektiv, physiologisch und reichen von leichtem Unbehagen bis hin zu panischer Angst. Befürchtungen in Bezug auf gesundheitliche Schäden können sich auf Einzelsymptome wie Herzklopfen oder Schwächegefühle beziehen.

Spezifische Phobien: Durch ein bestimmtes Objekt oder eine bestimmte Situation wird ein Gefühl starker Angst ausgelöst. Häufige Phobien beziehen sich etwa auf Tiere wie Spinnen oder Mäuse, Flugreisen, Zahnarztbesuche, Dunkelheit oder den Verzehr bestimmter Speisen. Sie entstehen oft schon in der Kindheit und können unbehandelt jahrzehntelang bestehen bleiben. Wie stark sich die Menschen eingeschränkt fühlen, richtet sich danach, wie gut sie den Auslöser vermeiden können. Es gibt aber auch einige auf den ersten Blick eher bizarr anmutende Phobien, die auf einer Internetseite aufgeführt werden, wie zum Beispiel: die Alektorophobie (Angst vor Hühnern), die Venustraphobie (Angst vor schönen Frauen), Peladophobie (Angst vor Kahlköpfigen), Hippopotomonstrosesquippedaliophobie (Angst vor langen Wörtern). (Wer mehr dazu wissen möchte: www.angsterkrankungen-phobien.de)

Agoraphobie: Gemeint ist damit zunächst die Angst, sich auf großen, freien Plätzen aufzuhalten. Im medizinischen Sprachgebrauch bezeichnet der Begriff jedoch auch die Angst, zu reisen, sich in der Öffentlichkeit aufzuhalten und sich unter Menschen zu mischen. Im schlimmsten Fall trauen sich die Patienten nicht mehr aus dem Haus. Vor allem Frauen leiden daran, die Störung beginnt meist im frühen Erwachsenenalter.

Soziale Phobie: Die soziale Phobie wird oft als Schüchternheit verkannt, weil sie mit einem niedrigen Selbstwertgefühl und Furcht vor Kritik verbunden ist. Sie ruft bei den Betroffenen unter anderem Erröten oder Schweißausbrüche hervor und kann im schlimmsten Fall sogar zum Rückzug aus der Öffentlichkeit führen. Männer und Frauen sind gleich häufig betroffen, die Erkrankung beginnt oft in der Jugend.

Generalisierte Angststörung: Das wesentliche Symptom ist eine verallgemeinerte und anhaltende Angst, die aber nicht auf bestimmte Situationen in der Umgebung beschränkt oder darin besonders betont ist, das heißt, sie ist frei flottierend. Wie bei anderen Angststörungen sind die hauptsächlichen Symptome sehr unterschiedlich, aber Beschwerden wie ständige Nervosität, Zittern, Muskelspannung, Herzklopfen oder Oberbauchbeschwerden gehören zum Erscheinungsbild. Häufig werden vom Betroffenen Befürchtungen geäußert, dass er selbst oder ein ihm nahestehender Mensch bald sterben oder verunglücken wird, sowie eine große Anzahl anderer Sorgen oder Vorahnungen. Diese Erkrankung trifft vorwiegend Frauen, oft steht sie im Zusammenhang mit einer lang andauernden Belastung oder einem traumatischen Erlebnis. Der Betroffene hat über mehrere Tage, mindestens über mehrere Wochen, meist aber mehrere Monate lang Angst, dass etwas passieren könnte.

Panikstörung: Hiermit sind Angstattacken gemeint, die sich nicht auf eine bestimmte Situation beziehen. Eine Attacke kann die Patienten überall treffen. Oftmals ist für den Betroffenen kein direkter Auslöser erkennbar und er schämt sich deshalb häufig nach Abklingen der Attacke für sein Verhalten. Oft dauern die Anfälle nur wenige Minuten an und enden damit, dass der Betroffene fluchtartig den jeweiligen Ort verlässt. Bei vielen Menschen ergibt sich daraus folgend die sogenannte Erwartungsangst, das heißt, die »Angst vor der Angst«, also davor, einen weiteren Anfall von Panik in der Öffentlichkeit zu erleben. Wie bei anderen Angsterkrankungen variieren die Symptome von Person zu Person, typisch ist aber der plötzliche Beginn mit Herzklopfen, Brustschmerz, Erstickungsgefühlen, Schwindel und Entfremdungsgefühlen. Meistens entsteht dann sekundär die Furcht, zu sterben, die Furcht vor Kontrollverlust oder die Angst, wahnsinnig zu werden. Einer Panikattacke folgt – wie erwähnt – meist die ständige Furcht vor einer erneuten Attacke.[16]

Woran aber kann man erkennen, ob man selbst unter normalen Ängsten leidet oder Ängste hat, die pathologischer Natur sind? Borwin Bandelow gab mir in einem Interview hierzu folgenden Hinweis: »Sie können sich folgende Faustregel merken: Wer länger als einen halben Tag über seine Ängste nachdenkt oder berufliche oder private Entscheidungen von seinen Ängsten abhängig macht, und zum Beispiel eine Beförderung ablehnt, weil er dann neue Kollegen bekommt, oder wenn jemand sich noch nicht einmal mehr traut, ohne seinen Partner Blumen kaufen zu gehen, der sollte zum Psychiater gehen.«[17]

Zunahme von Ängsten

Angst haben wir alle.
Der Unterschied liegt in der Frage, wovor. FRANK THIESS

Je intensiver ich mich mit dem Thema Angst beschäftigte, desto mehr wurde mir bewusst, wie viele Menschen unter Angst leiden, egal ob prominent oder unbekannt. Ja, mittlerweile leidet schätzungsweise jeder zehnte Bundesbürger so stark unter einer Angst, dass sie ihn darin behindert, ein unbeschwertes Leben zu führen. Und jeder 20. ist durch eine Angststörung mittlerweile erheblich eingeschränkt. Die Krankenkassen haben errechnet, dass Angststörungen neben Depressionen zu den häufigsten psychischen Erkrankungen in Deutschland gehören und die Zahl der durch Angst bedingten Krankheitstage seit dem Jahr 2006 kontinuierlich steigt. Der wirtschaftliche Schaden, der durch dieses bedrohliche Gefühl entsteht, beträgt dabei viele Millionen Euro.[18] Die Untersuchungen haben auch gezeigt, dass Frauen zwei- bis dreimal mehr an Angststörungen leiden als Männer. Männer überspielen ihre Erkrankung, indem sie sich in Arbeit stürzen oder ihre Ängste im Alkohol ertränken oder im Internet versinken. Festgestellt wurde auch, dass die Dunkelziffer der Erkrankten wahrscheinlich viel höher liegt.

Das Alter ist in den letzten Jahren ebenfalls als ein Faktor hinzugekommen, der den Menschen Angst macht. Besonders in unserer Gesellschaft, in der scheinbar nur die Jungen, Schönen und Dynamischen eine Daseinsberechtigung haben, bekommt der Durchschnittsdeutsche es mit der Angst zu tun, weil er den Anforderungen hier nicht standhalten kann. Aber mittlerweile sind es keineswegs nur die 50plus-Jährigen, die von Angst gequält werden, sondern auch bereits die 40-Jährigen. Sie haben Zweifel, ob sie im Beruf von Kollegen und Vorgesetzten noch ernst genommen werden oder ob sie mittlerweile schon an Kompetenz eingebüßt haben, weil sie nicht mehr so »rüstig sind« wie mit 30.[19]

Bei den Psychiatern, Ärzten, Therapeuten und spirituellen Lehrern, mit denen ich mich über dieses Thema unterhielt, hat die Zahl der Angstpatienten in den letzten Jahren ebenfalls zugenommen. Als ich diese Personengruppe bei meinen Recherchen für dieses Buch interviewte, sprach beispielsweise eine Zen-Lehrerin von einer deutlichen Zunahme von Menschen mit Angst. Ihrer Erfahrung nach sind es ganz speziell die jungen Menschen, die davon betroffen sind und die besonders unter Panikattacken leiden. Auch der Münchner Arzt und Homöopath Stefan Keller konnte eine deutliche Zunahme von Angstpatienten in den letzten Jahren verzeichnen.[20] Ebenso Lisa Freund, Psychotherapeutin und Coach: »In meinen Beratungen, auch in der Supervision, beobachte ich eine Zunahme von Ängsten, vor allem in Kombination mit Überlastung und Stress, bei immer mehr Menschen. Überforderung, das heißt, das Gefühl von verinnerlichtem Druck, geht einher mit dem Empfinden, nirgendwo geborgen zu sein, und einem sinkenden Selbstwertgefühl. Dies löst meist große Ängste aus. Der Zugang zum eigenen Herzen ist dann blockiert. Das tut sehr weh«.[21]

Mich entspannte das Wissen, dass nicht nur ich in diesen Monaten unter einer Angststörung litt, sondern dass ich dieses Leid mit vielen anderen Menschen teilte. Und es zeigte mir, wie krank unsere Gesellschaft ist. Gleichzeitig kam ich insbesondere durch die Beschäftigung mit den Lehren des Buddha zu folgender Erkenntnis: Auch wenn die Ängste in unserer Zeit und Gesellschaft zugenommen haben, gibt es doch *immer* einen Weg aus diesen Ängsten heraus. Erkennen und verstehen wir die Wurzeln dieser Ängste, können wir lernen, besser mit ihnen umzugehen, oder sie – nach den Worten des Dalai Lama – sogar zähmen: »Mit Geduld zähmt man sogar wilde Tiere. Weshalb sollten wir also unseren Verstand (und damit unsere Angst) nicht zähmen können?«[22]

Der Flug

Im Zuge meiner Erforschung realer und krankhafter Ängste setzte ich mich mit verschiedenen eigenen großen und kleinen Ängsten auseinander. Die Angst vor dem Fliegen war eine davon. Auch wenn ich nicht direkt unter Flugangst litt, so mochte ich die meisten Flüge nicht wirklich. Dabei reise ich für mein Leben gerne! Ich hatte immer Angst, dass die Maschine, in der ich sitze, abstürzen würde. Mit dieser Angst war ich nicht allein. Nach einer Untersuchung des Instituts für Demoskopie Allensbach schätzt man, dass etwa 15 Prozent der Deutschen an Flugangst leiden. Weitere 20 Prozent fühlen sich beim Fliegen mehr oder weniger unwohl. Somit hat mehr als ein Drittel aller Fluggäste ein unerfreuliches Gefühl vor und während des Fliegens. Stewards und Stewardessen schätzen den Anteil ähnlich hoch.

Da es mich störte, dass die Angst mich bei Flügen begleitete, versuchte ich ihr nach meiner Erkrankung neu zu begegnen. Ich las über Flugangst, um zu überprüfen, wie realistisch sie ist, und fand bei meiner Recherche schnell heraus, dass die Wahrscheinlichkeit, beim Fliegen zu verunglücken, relativ gering ist. Laut dem Institut für Demoskopie sterben im Durchschnitt jährlich »nur« 1000 Menschen weltweit an den Folgen von Flugzeugunglücken. Oft ist menschliches Versagen die Ursache. Im Jahr 2000 sind rund 0,04 Flugpassagiere pro 100 Millionen Passagierkilometern zu Tode gekommen. Das bedeutet statistisch gesehen, dass eine Person 2,5 Millionen Flüge von je 1000 Kilometern zurücklegen muss, bis sie Opfer eines Absturzes wird. Oder, anders gerechnet, ein extremer Vielflieger, der etwa 500 000 Flugkilometer im Jahr absolviert, stürzt etwa einmal in 5000 Jahren ab. Diese Zahl hat sich im Mittel bisher jedes Jahr verringert. Die Statistik zeigt also, dass Fliegen außerordentlich sicher ist!

Diese Fakten beruhigten mich. Mit ihnen im Hinterkopf buchte ich im letzten Jahr einen Flug von München nach Düsseldorf. Der Hinflug war ruhig und angenehm. Ich war entspannt. Beim Rückflug kam es zu einem Problem mit einem Düsentriebwerk. Dieser Defekt wurde aber zum Glück festgestellt, bevor wir losflogen. Noch während wir auf die Startbahn rollten, blieb die Maschine stehen, und der Pilot kündigte an, dass die Maschine vor dem Start repariert werden müsste. Früher hätte mich diese Information in große Angst versetzt. Jetzt beruhigte ich mich selbst, indem ich mir die Zahlen der Statistiken vor Augen hielt und versuchte, so rational wie möglich an die Situation heranzugehen. Es gelang mir. Mit Argumenten wie: »Die Maschine ist jetzt viel sicherer als vorher.« oder »Der Pilot und die Mechaniker werden ja wohl wissen, was zu tun ist.« Und so saß ich entspannt auf meinem Platz und wartete auf den Abflug, der mit einer Stunde Verspätung stattfinden sollte. Bevor die Maschine zurück auf die Startbahn rollte, meldete sich der Pilot und sagte: »Die Maschine ist repariert. Alles ist in Ordnung. Wer aber jetzt trotzdem aussteigen möchte, der hat selbstverständlich noch die Möglichkeit dazu. Ich persönlich rate jedem davon ab. Aber bitte fühlen Sie sich frei!« Mir selbst taten die Worte des Piloten wohl. Sie besagten, dass jeder die freie Entscheidung hatte, mitzufliegen oder nicht. Ein Mann in einer der ersten Reihen stand dann auch tatsächlich auf und verließ das Flugzeug. Noch vor einiger Zeit hätte ich vielleicht ähnlich gehandelt oder zumindest lange überlegt, ob ich aussteigen sollte. Oder aber ich hätte die gesamte Flugzeit über angespannt auf jedes Geräusch geachtet. Die Auseinandersetzung mit meiner Angst vor dem Fliegen hatte mir aber tatsächlich geholfen, sie zu überwinden. Der Flug wurde für mich zu einem unvergesslich schönen Erlebnis, als wir in der stimmungsvollen Abenddämmerung zurück nach München flogen.

Der Buddha, der Schmerz und der Weg aus dem Leid

Erfahre diese Welt als Seifenblase, als Welle, als Illusion,
als Traum. Aus dem DHAMMAPADA

Der Buddha hatte mich schon fasziniert, als ich noch studierte. Es war seine besonnene Ausstrahlung, die mir so imponierte und die ich mir immer gewünscht hatte. Es war seine Weisheit, die ich so gerne verinnerlicht hätte. Sie hatte ihn aus dem ewigen Kreislauf des menschlichen Leidens befreit. Im Zuge meiner Erkrankung beschäftigte ich mich dann noch einmal eingehend mit den Vier Edlen Wahrheiten, die die Grundlage seiner Lehre bilden. Dieses Mal waren sie aber keineswegs mehr abstrakte Vorgaben, sondern wurden zu alltagstauglichen Wahrheiten, die jeden Menschen betreffen.

Vor seiner finalen Transformation war der Buddha ein ganz gewöhnlicher Mensch, der wie wir alle um Ängste, Sorgen, Verzweiflung und das ganze Leid wusste. Laut der buddhistischen Lehre hatte der Buddha selbst viele Tausende von Inkarnationen hinter sich und im Zuge seiner Erleuchtung erkannt, wie sehr auch er immer wieder, im Laufe vieler Leben, versucht hatte, Emotionen, Umstände oder Menschen, die er nicht mochte, zu vermeiden und positive Gefühle, aufbauende Situationen und Menschen, die er liebte, für immer bei sich und um sich zu haben.

Durch die intensive Ergründung des eigenen Geistes und seiner Funktionsweise hatte er die Zusammenhänge und die wechselseitige Abhängigkeit von physischem und psychischem Leid vollständig erforscht, die Wurzeln dieses Leides erkannt und Wege aus dem Leid gefunden. An diesem Punkt war der Buddha in der Lage, sämtliche inneren und äußeren Erscheinungen als vollkommene Illusion seines eigenen Geistes zu erkennen. Er schenkte ihnen keine Beachtung mehr und erlangte Erleuchtung. Nach dieser grundlegend transformierenden Erfahrung entwickelte der Buddha, was so viel heißt wie »der Erwachte«, seine Lehre. Sie spiegelt sich in den Vier Edlen Wahrheiten wider:

- Es gibt Leiden.
- Es gibt eine Ursache des Leidens.
- Es gibt ein Ende des Leidens.
- Es gibt den Pfad zur Beendigung des Leidens.

Diese Vier Edlen Wahrheiten lehren das Leiden und das Ende des Leidens.

Die ersten drei Wahrheiten beschäftigen sich damit, wie Leid entsteht. Die vierte Wahrheit beschreibt den Weg aus dem Leid. An Gültigkeit haben diese Wahrheiten in den letzten Jahrhunderten nichts verloren. Und sie scheinen gerade in den letzten Jahren sogar wieder sehr an Bedeutung zu gewinnen. Folgen auch wir hier und heute den Vier Edlen Wahrheiten achtsam und konsequent Schritt für Schritt, befreien sie uns aus unseren inneren und äußeren Krisen, Dramen und leidvollen Situationen. Für unsere heutige Zeit lassen sie sich wie folgt übersetzen:

- ein Übel (Leiden / erste Edle Wahrheit)
- seine Ursache (Verlangen / Anhaften / ein überwältigendes Gefühl des Bedürfnisses nach etwas / zweite Edle Wahrheit)
- ein Heilmittel (Freiheit von Verlangen / dritte Edle Wahrheit)
- eine entsprechende Behandlung (der Achtfache Pfad / vierte Edle Wahrheit)

Ich selbst versuchte, durch die Erkrankung mein Leben im Ganzen und verschiedene Begebenheiten in meinem Leben zu den einzelnen Wahrheiten in Bezug zu setzen. Sie zu verinnerlichen und entsprechend meiner persönlichen Situation einzusetzen, wurde eine weitere Lektion, die ich während meiner Angsterkrankung zu lernen hatte. Es war ein spannender Prozess und ist es noch immer, weil wir mit den Vier Wahrheiten so lange konfrontiert werden, wie wir leben, und zwar jeder von uns. Egal, wie spirituell wir leben, und egal, wie religiös oder atheistisch wir denken und handeln.

Die erste Edle Wahrheit: Leben ist Leid

Das Leben ist, wie es ist: Alle Wesen werden geboren, werden mit Schmerz, Wandel und Vergänglichkeit konfrontiert und sterben. Krankheit, Leid und Tod gehören zum Leben wie die Nacht zum Tag. Die Natur macht es uns jeden Tag und jedes Jahr aufs Neue vor. Alles entsteht und vergeht wieder. In diesem natürlichen Prozess gibt es für *jeden* Menschen, je nach Alter und Lebensumständen, zahlreiche Situationen, die zu schmerzvollen Erfahrungen führen können: schwere Kinderkrankheiten, chronische Erkrankungen wie Neurodermitis, unheilbare Krankheiten wie AIDS oder häufig auch Krebs, Demenz im Alter. Körperliche Gebrechen können jeden von uns selbst oder einen geliebten Menschen in unserem unmittelbaren Umfeld treffen. Das Leben verschont uns aber auch nicht von psychischem Schmerz wie Kummer, Enttäuschung, Stress, Ärger, unerwiderte Liebe, Trauer und Wünschen, die nicht in Erfüllung gehen. Manche Menschen konfrontiert es mit psychischen Erkrankungen wie Depressionen oder Angststörungen.

Ich selbst hatte die erste Edle Wahrheit sehr früh in meinem Leben durch meine Contergan-Erkrankung kennengelernt. Ich gehörte zu dem Jahrgang, bei dem es bei vielen Betroffenen zu sichtbar schweren angeborenen Missbildungen an den Extremitäten gekommen war. Damals gingen Horrorbilder durch die Medien. Es waren Fotos von Kindern, die keine Beine hatten und deren Zehen direkt am Rumpf angewachsen waren. Oder Kinder, die keine Arme hatten und deren Finger sich mehr oder weniger direkt an den Schultergelenken befanden. All diese Kinder und ihre Familien erfuhren die erste Edle Wahrheit auf eine ganz brutale Art und Weise. Ich selbst hatte im Vergleich zu vielen anderen Contergan-Kindern in gewisser Weise riesiges Glück gehabt. Bei mir war es lediglich zu einer Missbildung meines rechten Ohrs und einer starken Sehschwäche auf dem linken Auge gekommen. Ich hatte mich in all den Jahren nie richtig damit auseinandergesetzt. Zu hoch wertete ich mein »Glück im Unglück« im Vergleich zu den vielen Menschen, die durch diese Erkrankung schwere sichtbare Missbildungen ihrer Arme und Beine erlitten hatten.

Die buddhistische Psychologie unterscheidet klar zwischen Schmerz und Leid. Schmerz ist ein Teil des Lebens, dem wir nicht ausweichen können. Er gehört zum Leben und ist eine physische, biologische, psychische und soziale Tatsache. Als Menschen, die sich über ihr »Ich« – ihre körperlichen Empfindungen, Gefühle und Gedanken – identifizieren, erleben wir den Schmerz unweigerlich. Er passiert, weil er zum Leben gehört. Er passiert jedem, weil er zum Menschsein gehört. »Der Buddhismus zeigt auf, dass wir *alle* leiden«, so auch Matthias Ennenbach, »und das ist ein Unterschied zur westlichen Psychologie, die zwischen Gesunden und Kranken differenziert. Für viele Menschen wirkt die buddhistische Sichtweise erleichternd, weil sie dadurch sehen, dass nicht nur sie selbst leiden.«[23]

Der wesentliche Unterschied zwischen Schmerz und Leid besteht darin, dass nicht die Dinge selbst tragisch sind. Sie sind einfach. Sie passieren einfach. Das, was zum Leid führt, ist unsere persönliche Reaktion auf den unvermeidlichen Schmerz. Wir leiden, wenn wir eine Grippe haben, unsere ersehnte Anstellung nicht bekommen, unser bester Freund uns die Frau ausspannt, ein geliebter Mensch stirbt oder wir unheilbar erkrankt sind. Wir leiden aber auch, wenn wir eifersüchtig sind; wenn wir nicht die berufliche Anerkennung erfahren, die wir uns wünschen; wenn wir nervös sind; wenn wir uns keine größere Wohnung leisten können; wenn sich erste Falten in unserem Gesicht abzeichnen oder wenn wir einer Sucht verfallen.

Wir leiden jedoch nicht nur auf der persönlichen Ebene, sondern auch kollektiv, wenn Kriege geführt werden und zahllose Menschen dabei ums Leben kommen; wenn vermeidbare Hungersnöte entstehen; wenn Menschen wegen ihrer sexuellen Identität oder wegen ihrer Hautfarbe abgelehnt werden oder wenn wir erkennen, wie die Erde ihrer Ressourcen beraubt wird.

Jede schmerzvolle Situation birgt auch das Potenzial von Angst in sich. Wir können Angst davor haben, nicht geliebt zu werden; Angst davor, uns nicht das leisten zu können, was wir zum Leben brauchen, oder auch Angst davor, das gleiche physische oder psychische Leid zu erleben, das wir bereits als Kinder erfahren haben. Niemand kann uns diese Ängste nehmen, genauso wenig wie das Leid, das aus schmerzvollen Situationen entsteht. Der Buddha erinnerte seine Schüler stets daran: »Wir glauben an unsere Unwandelbarkeit, doch wir sind unbeständig. Wir glauben an unsere Sicherheit, doch sind wir nicht sicher. Wir glauben, dass wir ewig leben, doch dies ist nicht der Fall.«[24] Verinnerlichen wir die erste Edle Wahrheit und erkennen wir sie als unumgängliche Tatsache unseres Lebens an, werden wir die Angst vor Schmerz und Leid verlieren und die schmerzvollen Situationen, die das Leben für uns bereithält, mit dem entsprechenden Verständnis oder den geeigneten Mitteln bewältigen.

Es kann lange dauern, bis wir den Unterschied zwischen dem Schmerz und dem Leid verstehen und verinnerlichen. Vorher versuchen wir vielleicht, schmerzvolle Situationen in unserem Leben dadurch zu vermeiden oder zumindest ihre Häufigkeit zu verringern, dass wir viel meditieren, das Universum bitten, uns nur gute Erfahrungen zu schicken, fleißig arbeiten oder bewusst und gesund leben. Dadurch erhoffen wir uns eine gewisse Kontrolle über unser Leben, durch die sich schmerzvolle Erfahrungen reduzieren lassen. Aber das Leben ist, wie es ist. Ob wir gesund leben oder nicht. Selbst der gesündeste Mensch stirbt irgendwann. Ob wir meditieren oder nicht, krank werden die meisten von uns dennoch. Ob wir reich sind oder nicht, irgendwann müssen wir alles loslassen. Als die buddhistische Nonne Ayya Khema an Krebs erkrankte, fragte sie ein Schüler, warum gerade ihr das widerfahre. Sie würde doch so viel meditieren und so bewusst leben. Darauf antwortete sie: »An irgendetwas muss ich ja sterben.«

Auch bei mir selbst dauerte es sehr lange, bis ich den Unterschied zwischen Leid und Schmerz in Bezug auf meine Contergan-Erkrankung erkannte. Ich hatte diese Behinderung. Das war eine unumstößliche Tatsache. Und gleichzeitig hatte ich Glück gehabt. Allerdings hatte diese nicht ganz so offensichtliche Behinderung auch viele Nachteile mit sich gebracht. Meine Eltern wussten nicht, wie sie mit dieser Behinderung umgehen sollten und spielten sie vor sich selbst, aber auch vor mir und anderen Menschen herunter. Dabei hätte die Hör- und Sehschwäche unbedingt eine entsprechende Aufmerksamkeit verlangt. In großen Gruppen verstand ich oftmals nicht, was jemand zu mir sagte, und aufgrund des großen Unterschiedes bei der Sehfähigkeit meiner Augen musste mein Gehirn ohne Brille enorm viel leisten, um diesen Unterschied einigermaßen auszugleichen. Eine Brille hätte natürlich geholfen, doch damals hatte ich keine, weil ich mich so sehr davor fürchtete, auch noch als »Brillenschlange« bezeichnet zu werden, und meine Eltern sich auch nicht mit Nachdruck darum kümmerten. Als Folge von alldem war ich als Kind über die Maßen unruhig und nervös und avancierte in der Schule zum Störenfried, was wiederum schlechte Noten zur Folge hatte. Davon abgesehen hatte ich meine ersten Lebensjahre mit den vielen Krankenhausaufenthalten, den körperlich anstrengenden und psychisch schmerzvollen Untersuchungen als sehr leidvoll erlebt und dementsprechend verdrängt. Ebenso auch die Hänseleien meiner Mitschülerinnen und Mitschüler. Denn Kinder nehmen sehr wohl jede noch so kleine Behinderung bei einem ihrer Altersgenossen wahr.

Im Laufe meiner Angsterkrankung und einer dadurch erforderlichen Therapie stellte sich dann heraus, dass hinter den verschiedenen Ängsten, die bei mir so abrupt aufgebrochen waren wie ein Vulkan, auch eine Traumatisierung lag, die durch die Contergan-Erkrankung bedingt war.

Die zweite Edle Wahrheit: Es gibt Ursachen für das Leid

In dem Maße, in dem es mir gelang, den Unterschied zwischen Schmerz und Leid zu verstehen, erkannte ich, wie oft ich versucht hatte, schmerzvolle Situationen zu vermeiden. Große Feiern hatte ich, wann immer es möglich war, gemieden. Es war für mich seit jeher über die Maßen anstrengend, nur mit einem Ohr zu hören, während der Geräuschpegel so extrem hoch war. Das hatte natürlich dazu geführt, dass ich mich oft keiner Gruppe zugehörig fühlte, sondern immer wieder unter einem Gefühl der Isolation litt.

Das Leben verschonte mich aber auch nicht von anderen leidvollen Situationen, die mich mit der Vergänglichkeit konfrontierten. Und das ist wohl eine der schwersten

Herausforderungen, mit denen wir Menschen konfrontiert werden: Die Vergänglichkeit eines schönen Moments zu akzeptieren, die Vergänglichkeit der eigenen Jugend und Blüte zu verkraften und auch den Verlust eines Menschen hinzunehmen, den wir lieben. Wir leiden, weil wir den Schmerz, den ein Verlust mit sich bringt, oft nicht meinen aushalten zu können. Früher oder später müssen wir den Verlust aber akzeptieren. Im Kleinen wie im Großen. Als mein Lebensgefährte vor 20 Jahren einem Krebsleiden erlag, wurde ich persönlich zum ersten Mal mit dem Schmerz und dem daraus resultierenden Leid hinsichtlich eines Verlusts konfrontiert. Es dauerte ein ganzes Jahr, bis ich die gröbste Trauer überwunden hatte. Ich litt unendlich, weil ich das, was ich am meisten geliebt hatte, gehen lassen musste. Es waren die Vier Edlen Wahrheiten und die Tatsache der unwiederbringlichen Vergänglichkeit, die mir dabei geholfen haben, nicht mit meinem Schicksal zu hadern und daran zu zerbrechen, sondern den Tod als unumgänglichen Teil meines Lebens anzuerkennen. In den ersten Monaten meiner Trauer war der Satz, dass der Tod ein Teil des Lebens ist, natürlich nur ein schwacher Trost. Ich machte Aussagen des Dalai Lama wie: »Der gegenwärtige Augenblick lässt sich nicht festhalten. Nichts auf dieser Welt ist von Dauer«, zu meinem persönlichen Mantra. Anfangs waren dies allerdings nur Lippenbekenntnisse, die ich jeden Tag wiederholte. Trotzdem sickerten diese Aussagen langsam, aber stetig in mein Herz und halfen mir, mein eigenes Leben im Angesicht der Vergänglichkeit intensiver zu leben und zu genießen.

Durch die Begegnung mit dem Tod meines Lebensgefährten wurde mir erstmals bewusst, wie enorm stark die Tendenz ist, alles festhalten zu wollen. Das Bewusstsein dafür zu entwickeln und diese zutiefst menschliche Neigung als Ursache des eigenen Leids zu erkennen und zu transformieren, ist ein langer Prozess, der viel Achtsamkeit und Vertrauen braucht. Ich selbst spürte jeden Tag aufs Neue, dass nur Mitgefühl, Mut und Hingabe, aber auch Achtsamkeit mich darin unterstützten, wieder in das Leben zu vertrauen und die Dinge so sein zu lassen, wie sie sind. Meinen Lebensgefährten nach seinem Tod loszulassen, gelang mir damals nur schrittweise. Es dauerte lange, bis ich seine Stimme von unserem Anrufbeantworter löschte. Es dauerte auch lange, bis ich all die vielen Fotos, auf denen die Krebserkrankung ihm bereits ins Gesicht geschrieben stand, zerriss. Ich hatte sie während seiner Krankheit gemacht, um ihn auch nach seinem Tod bei mir zu haben. Und es dauerte ebenso lange, bis ich Sachen verschenkte, die mich an ihn erinnerten, mir aber nicht guttaten. Und es dauerte noch viel länger, bis ich mich wieder verliebte.

Die dritte Edle Wahrheit:
Es gibt ein Ende des Leidens

Mit der dritten Edlen Wahrheit brachte Buddha zum Ausdruck, dass jeder Mensch die Möglichkeit hat, sein eigenes Leid zu beenden. *Jeder!* Wir können Schmerz in unserem Leben nicht vermeiden, aber wir können seine Macht über uns brechen. Dazu brauchen wir nicht mehr zu tun, als uns von unseren Anhaftungen, den sinnlichen und geistigen, den Ängsten, den Vorlieben und den Abneigungen zu befreien. Das ist natürlich leichter gesagt als getan. Es ist quasi genauso schwer, wie jemandem kurz vor

Beginn einer Meditation zu sagen, er solle nicht an blaue Affen denken. Aber: Laut dem Buddha ist Loslassen möglich! So weit die gute Nachricht. Die schlechte Nachricht: Es ist eine Frage der Geduld und der Übung. Je mehr wir uns aber im Kleinen im Loslassen üben, desto eher wird es uns gelingen, in Momenten der Stille und des Mitgefühls entspannen zu können. »Wenn du ein bisschen loslässt, erfährst du ein bisschen Frieden«, sagte Ajahn Chah, ein buddhistischer Lehrer. »Wenn du weiter loslässt, erfährst du mehr Frieden. Wenn du vollkommen loslässt, erfährst du vollkommenen Frieden.«

Im Zuge meiner Angsterkrankung gab es immer wieder Zeiten, in denen ich die Tendenz hatte, mich mit dem Loslassen zu überfordern. Wie gerne hätte ich mein nächtliches Flimmern bereits in der ersten Nacht wieder vollständig losgelassen! Wie schwer tat ich mich damit, die Ängste loszulassen, die immer wieder aufs Neue durch das Flimmern entfacht wurden. Denn Loslassen gelingt nur mit viel Mitgefühl, Geduld und Achtsamkeit den eigenen Körperempfindungen, Gefühlen und Gedanken gegenüber. Und das immer wieder aufs Neue. Tag für Tag. Situation für Situation. Moment für Moment. Es gab Zeiten, in denen ich das Gefühl hatte, mich von der Angst um meine Augen befreit zu haben. Ich wähnte mich in Freude und Zuversicht. Dann gab es einen stressigen Tag, der das nächtliche Flimmern wieder verstärkte oder ein anderes Symptom mit sich brachte. Und schon war sie wieder aufgeflammt, meine Angst. Und ich zutiefst enttäuscht.

Immer wieder musste ich mich an solchen Tagen liebevoll daran erinnern, dass es beim Loslassen nicht darum geht, einem abstrakten Ideal, nämlich dem Buddha selbst, anzuhaften, sondern darum, zu akzeptieren, dass Loslassen ein Prozess ist, der schrittweise passiert und manchmal wie ein Pendel ist, also Vor- und Rückwärtsbewegungen mit sich bringt. Ich musste auch akzeptieren, dass Übung dazu gehört, den eigenen Geist immer wieder aufs Neue auszuloten. Und ich musste lernen, dass ich manche leidvolle Erfahrung aus meiner Kindheit – eben bedingt durch meine Contergan-Erkrankung – und all das Unglück, das ich dadurch als Kind erfahren hatte, zuerst einmal vollkommen annehmen musste, bevor ich es loslassen konnte. So paradox dieser Schritt auch ist. Das Loslassen wurde für mich sowohl der Pfad als auch das Ziel.

Die vierte Edle Wahrheit: Es gibt einen Weg aus dem Leid

Diese Wahrheit erfordert unsere Bereitschaft, praktisch und konstant zu üben, zu praktizieren, zu reflektieren und uns zu transformieren. Der Weg aus dem Leid ist ein fortschreitender Prozess der Selbstwerdung. Er wird auch als Achtfacher Pfad bezeichnet, weil der Buddha hier bestimmte Richtlinien vorgibt, bei denen es darum geht, unser Leid bewusst hinter uns zu lassen. Man nennt ihn auch den Mittleren Weg, weil es darum geht, die goldene Mitte in allem Tun zu finden. Es geht also nicht darum, dass wir uns von heute auf morgen in die Höhle des Löwen begeben, sondern darum, dass wir lernen, Tag für Tag besser mit unseren kleinen und großen Ängsten umzugehen. Für diesen Weg braucht es die Entscheidung, konsequent und liebevoll, mitfühlend und klar, achtsam und gelassen den

Weg zu gehen. Treffen wir sie, gelingt es uns, uns Schritt für Schritt von äußeren und inneren Anhaftungen zu befreien und Frieden in uns selbst zu finden.

Sei dir selbst ein Licht auf dem Weg aus dem Leid

Um den Mittleren Weg zu gehen, hat der Buddhismus in den Tausenden Jahren seit seiner Entstehung zahlreiche Meditationsformen, Rituale und kognitive Belehrungen entwickelt, die uns helfen, das eigene Leid zu beenden. Wie die »Mischung« aus den verschiedenen Möglichkeiten aussieht, können nur wir selbst entscheiden und uns dabei an dem Leitsatz des Buddha orientieren: »Sei dir selbst ein Licht!«

Im Umgang mit kleinen leidvollen Situationen bzw. verschiedenen kleineren alltäglichen Ängsten, wie beispielsweise der Angst vor einer Prüfung, der Angst vor einer Aussprache mit einer Freundin, von der wir uns übergangen fühlen, oder der Angst vor einem Vorstellungsgespräch, helfen bereits manch einfache Übungen wie die Praxis der Achtsamkeit, spezielle Rituale oder besondere Meditationen. Oft sind es gar nicht die großen Ängste, die unserem Alltag einen bitteren Beigeschmack verleihen, sondern die kleineren alltäglichen, oft in der Summe oder zeitlich aneinandergereiht. Und häufig bemerken wir nicht einmal, wie negativ all dies unser Leben beeinflusst – nämlich als Leid. Wer sich jedoch von tief greifenden Ängsten befreien möchte, die oft scheinbar aus dem Nichts explodieren, wie es bei mir der Fall war, der kann dies nicht allein. Hier durfte und wollte ich mir selbst nichts vormachen und suchte deshalb Hilfe bei einem Fachmann, also einen Psychotherapeuten.

Für mich wurden die Meditation, die Praxis der Achtsamkeit und die Kultivierung der Geduld und des Mitgefühls auf meinem persönlichen Mittleren Weg zu den wichtigsten Werkzeugen. Während ich früher höchstens 30 Minuten am Tag meditiert hatte, praktizierte ich in der akuten Phase der Erkrankung täglich ein bis drei Stunden. Und so wurden zum ersten Mal all die Meditationstechniken, Rituale und Erkenntnisse sowie die Aus- und Fortbildungen, die ich in letzten 20 Jahren in den verschiedensten spirituellen Traditionen absolviert hatte, für mich zu einem handfesten spirituellen Werkzeugkasten. All diese Werkzeuge halfen mir – jedes zu seiner Zeit –, mein Leben in eine neue, gesündere Bahn zu lenken. Ich probierte verschiedenste Meditationen, Techniken und Übungen aus.

Ich entnahm daher meinem spirituellen Werkzeugkasten jeweils nur die Werkzeuge, die für mich persönlich in einem bestimmten Moment von Nutzen waren. Welche unterschiedlichen Verhaltensweisen und Tugenden ich dabei kultivierte, werde ich auf den nächsten Seiten erläutern. Es waren besonders solche, durch die ich wieder Boden unter den Füßen gewann, die Grenzen meines Körpers spürte und Vertrauen in meine Gefühle und meinen Geist zurückgewann. Bei alldem ging es aber nicht darum, wie es früher so oft mein Wunsch gewesen war, Erleuchtung zu erlangen. Die Techniken sollten mir dabei helfen, zu unterscheiden, wo und wie unrealistische Ängste auf mich einwirkten, und wo ich Hilfe von außen brauchte, um ihnen wirkungsvoll zu begegnen.

In meinen Werkzeugkasten kamen auch zahlreiche Methoden, die sowohl auf westlicher Psychologie als auch auf Neurologie und Buddhismus basieren. Es sind praktische alltagstaugliche Übungen aus der modernen Neurowissenschaft, die ihren Ursprung in alten Meditationstechniken haben und speziell für Menschen im Westen übertragen wurden. Es sind Meditationen, die eine heilsame Geisteshaltung fördern, indem sie genau diejenigen Gehirnareale aktivieren, die diesen Prozess unterstützen. Die Verbindung von Neurologie und Buddhismus kam mir persönlich entgegen, weil ich durch meine persönliche Betroffenheit geistig nachvollziehen wollte, welche physiologischen Prozesse genau während der Meditation ablaufen und warum die Meditation sich so positiv auf meinen Körper und Geist auswirkt. Durch die Übungen gelangte ich auch zu einer intensiveren, regelmäßigeren und tieferen Praxis, weil ich wahrnehmen konnte, dass sie meinen Geist – wenn auch langsam, aber doch stetig – beruhigten und wieder weiteten. Sie brachten mich auch dazu, meinen eigenen Mittleren Weg mit Achtsamkeit, Gelassenheit, Geduld und Freude zu gehen – und dabei folgte ich den Wegen des Buddha und versuchte gleichzeitig, diesen Weg in mir selbst zu finden.

Die vierte Edle Wahrheit und die Aufforderung des Buddha, mir selbst ein Licht zu sein, stellte sich für mich persönlich als sehr schwierig dar. Schließlich geht es hierbei um eine langfristige Verhaltensänderung. Nur indem ich langfristig Achtsamkeit, Mitgefühl, Geduld und Hingabe kultivierte, gelang es mir, meine Ängste nach und nach zu erkennen, ihre Ursachen zu ergründen, sie zu überwinden oder entsprechend zu würdigen und ihnen einen angemessenen Platz in meinem Leben einzuräumen. Aber natürlich kam es immer wieder zu Rückschlägen, besonders nachdem die akute Phase der Erkrankung vorbei war und der Alltag wieder Einzug bei mir hielt. Und gerade hier bestand und besteht die Kunst darin, den Anforderungen des Lebens gerecht zu werden und gleichzeitig der eigenen Balance Sorge zu tragen. Ein Tanz auf dem Hochseil, der nicht leicht ist und immer wieder austariert werden will. Am besten Tag für Tag.

Mit der Hilfe des Buddha
die Angst meistern

Wenn man alles, was einem begegnet,
als Möglichkeit zu innerem Wachstum ansieht,
gewinnt man innere Stärke.   MILAREPA

Immer und immer wieder überkamen mich große Angstattacken. Es brauchte oftmals nur eine Kleinigkeit, irgendein nichtiges körperliches Symptom wie beispielsweise Kopfschmerzen, das mich aufs Neue vollkommen verunsicherte. Dabei fühlte ich mich jedes Mal so, als hätte mich bei dem Versuch, aus dem Meer zurück an den Strand zu kommen, wieder eine der massiven Wellen des Atlantischen Ozeans erfasst, mir den Boden unter den Füßen weggezogen, mich auf den Meeresgrund gedrückt, durch und durch gewalkt und ein Stück zurück ins Meer gezogen. Immer wieder dauerte es, bis ich meine Orientierung wiederfand. Immer wieder kämpfte ich, bis ich erneut zurück an die Oberfläche kam, um nach Luft zu ringen und um Stück für Stück Boden unter den Füßen zu gewinnen. Das Schlimme daran war, dass mir niemand sagen konnte, wie lange es dauern würde, bis ich wieder gesund würde. Mein Hausarzt schüttelte jedes Mal nur den Kopf, wenn ich ihn fragte, wie lange es noch dauern würde, und meinte, dass jede Angststörung einen ganz individuellen Verlauf nähme. *»Hinter das Symptom«* zu schauen, wie eine befreundete Psychotherapeutin es formuliert, als einen ersten Schritt auf dem Weg zu einer Erkenntnis aus dem Symptom heraus, gelingt dem einen schneller und ein anderer braucht dafür länger. Bei mir dauerte es, so kam es mir vor, eine halbe Ewigkeit!

Erst durch die vielseitige Auseinandersetzung mit der Angst begann ich langsam, aber sicher, die Angst vor der Angst zu verlieren und gelang es mir nach und nach, mich nicht von jeder neuen Welle wegreißen zu lassen. Mein Hausarzt, ein bewährter Mediziner, und eine ebenso gute Traumatherapeutin wurden meine Rettungsanker. Ihnen bin ich unendlich dankbar. Sie haben mich einfühlsam, aber konsequent aus meinem Kokon geschält. Sie haben all meine Ängste verstanden, meine Widerstände ertragen und mir immer wieder Mut gemacht, nicht aufzugeben. Meine stabile Beziehung gab mir darüber hinaus noch den tragenden Boden unter meinen Füßen.

Mit all dieser Hilfe fand ich wieder zurück ans Land und machte mich mit den Lehren des Buddha im Gepäck auf meinen eigenen Mittleren Weg. Immer wieder erforschte ich die Angst im Allgemeinen aus verschiedenen Blickwinkeln. Ich prüfte die Grenze bei mir selbst zwischen normalen und pathologischen Ängsten. Ich untersuchte, wo die Grenzen der Spiritualität liegen, bestimmten Ängsten zu begegnen. Und ich wagte mich an eine grundlegende tief gehende Auseinandersetzung mit meinen eigenen Ängsten. Diese Beschäftigung war schmerzvoll und heilend zugleich. Den Ängsten auf den Grund zu gehen war momentweise lähmend und später befreiend. Ich merkte, wie wichtig es ist, sich von den eigenen Ängsten befreien zu können, um im Leben auf einer tieferen Ebene Erfüllung zu finden. Ich las immer wieder Bücher und Artikel über die unterschiedlichen Definitionen von Angst, über die Entstehung und Bewältigung von Ängsten – mal aus psychologischer und mal aus buddhistischer Sicht. Ich unterhielt mich mit vielen Freunden und Bekannten, die den unterschiedlichsten spirituellen Traditionen folgten und die ich im Verlauf der letzten Jahre durch meine Tätigkeit bei *Yoga aktuell* kennengelernt hatte. Auch unter ihnen waren erstaunlich viele, die unter kleinen oder großen Ängsten litten und leiden: Verlassensängsten, Existenzängsten, der Angst vor Ablehnung oder vor Krankheiten. Aber viele von ihnen sprechen nur unter vier Augen darüber und versuchen stattdessen, nach außen das Bild eines entspannten Yogis oder abgeklärten Buddhisten zu vermitteln. Ja, ich war geradezu erstaunt darüber, dass die eigenen Ängste in der spirituellen Szene oftmals ein Tabuthema sind und in manchen Kreisen nur in der Arbeit mit einem Therapeuten thematisiert werden.

Ein Freund, der als Yogalehrer arbeitet, hatte zum Beispiel große Angst davor, zu seiner Bisexualität zu stehen, da er befürchtete, die vielen Frauen in seinen Kursen würden ihn deshalb ablehnen. Eine Bekannte, die neben ihrem intensiven beruflichen Engagement in einer buddhistischen Gruppierung tätig ist, investierte dafür ihre ganze Freizeit, hatte aber große Angst davor, einmal Nein zu sagen, weil sie befürchtete, dann Ablehnung zu erfahren. Dies gilt leider auch für sexuelle Übergriffe, die in den letzten Jahren in den Kursen immer wieder vorgekommen sind. Hier scheuen viele Praktizierende, egal ob im Bereich des Yoga, des Buddhismus, des Tai-Chi oder anderer spiritueller oder esoterischer Praktiken, kritische Auseinandersetzungen mit ihren Lehrern, Gurus und Meistern aus Angst, erkennen zu müssen, dass ihre Idole und

Ideale auch nur Menschen sind. Viele meiner Gesprächspartner rückten mit ihren Ängsten auch erst heraus, als sie von meiner Erkrankung erfuhren. Sie wollten sich, so meine Vermutung, nicht die Blöße geben, allein mit ihren Ängsten dazustehen.

Diese dunklen, schwachen und zutiefst verletzlichen Seiten des Menschen werden in der spirituellen Szene meines Erachtens viel zu sehr verleugnet. Manchmal kommt es mir sogar so vor, als würden die Menschen zu einer Vereinfachung hochkomplexer spiritueller Philosophien tendieren und den Anspruch eines umfassenden inneren Reifungsprozesses und die damit einhergehende Auseinandersetzung mit den eigenen Schattenseiten scheuen. Nur wenige sind bereit, den spirituellen Weg wirklich in aller Konsequenz zu gehen. Alles wird immer nur in Licht und Liebe gesehen und so angeboten, dass es sich gut verkauft.

»Wasch mich, aber mach mich nicht nass«, steht vielen Seminarbesuchern auf der Stirn geschrieben, und es ist daher nicht verwunderlich, dass viele spirituelle Praktiken mittlerweile zu einem lukrativen Wirtschaftszeig verkommen. Dabei hilft eine tief greifende spirituelle Praxis dabei, sich vollkommen anzunehmen. Aber das ist, wie ich selbst immer wieder erfahre, eine lange und sehr beschwerliche Reise, die niemals enden wird. Der Umgang, die Akzeptanz und das Arbeiten mit all diesen Schatten wie der eigenen Angst ist ein fester Bestandteil dieser Reise. Allerdings mache ich immer wieder die Erfahrung, dass viele spirituelle Lehrer und auch deren Schüler den Umgang mit den eigenen Schatten vermeiden und diese nur zu gerne negieren. Von sehr wenigen Lehrern habe ich in offiziellen Interviews oder inoffiziellen Gesprächen schon einmal gehört, dass sie sich wie ein Idiot im Straßenverkehr benehmen, vor Angst nicht schlafen können oder sich im Umgang mit dem eigenen Partner wie ein kleiner eifersüchtiger Spießbürger verhalten.

Und nur zu gerne bewundern wir unreflektiert alle jene Lehrergestalten, die weise sprechen, würdevoll altern und charismatische Reden über ihre spirituellen Erfahrungen halten. Und sind dann aber zutiefst enttäuscht, wenn sie uns ihre Menschlichkeit, ihre Ängste, ihre Fragilität zeigen. Dann ist das Geschrei groß, die Verurteilung und der Fall vom Meistersockel folgen unmittelbar. Und das nur deshalb, weil wir sie als Übermenschen gesehen haben und alles Mögliche auf sie projizieren und hoffen, dass wenigstens sie für uns jene spirituelle Arbeit gemacht haben, die wir am Ende doch stets selbst machen müssen.

Auf der anderen Seite erfuhr ich im Zuge meiner Auseinandersetzung mit der Angst auch, dass erstaunlich viele buddhistische Lehrer oder Praktizierende überhaupt erst auf den spirituellen Weg gekommen sind, weil sie in der Meditation und der intensiven Beschäftigung mit der buddhistischen Lehre einen Weg sahen, mit ihren Ängsten besser klarzukommen – oder zumindest nicht mehr vollständig von ihnen überrollt zu werden.[25] So erzählte mir die Meditationslehrerin Marie Mannschatz, dass sie aus eigenen Ängsten heraus überhaupt erst auf den spirituellen Weg gekommen ist: »In meinen jungen Jahren war ich von Angst getrieben. Das wiederum hat mich dazu gebracht, in Therapie zu gehen und therapeutische Ausbildungen zu machen. Angst war für mich ein ständiger Begleiter, und ich weiß noch, wie ich mich mit Mitte dreißig gefragt habe, ob es sich jemals ändern werde. Ich habe davon geträumt, angstfrei zu leben. Es waren auch gar nicht mal spezifische Ängste. Ich habe auch Panik gehabt und ich glaube, dass ich auch viele frühe Kindheitsängste mitgenommen habe. Dann gab es Phasen, in denen ich keine Angst hatte. Ich hatte das Gefühl, keine Angst zu kennen. Ich hatte sie so verdrängt, dass ich sie gar nicht wahrgenommen habe. Dann kam sie wieder, doch ab Mitte vierzig wurde sie immer weniger. Jetzt habe ich für mich in nachvollziehbarer Weise Angst, wenn irgendetwas in Erscheinung tritt. Aber ich habe keine für mich undefinierbaren Ängste mehr. Dabei hat mir die Metta-Meditation sehr geholfen. Der Kern ist für mich wirklich die Selbstliebe. Es hat ganz viel mit Selbstwertschätzung, Selbstachtung und Selbstakzeptanz zu tun. Wenn der Boden da ist, dann löst sich die Angst auf. Es war ein sehr langer Prozess.«[26]

Durch den gegenseitigen Austausch über die Erfahrungen meiner Interviewpartner im Umgang mit ihren eigenen Ängsten lernte ich weitere hilfreiche buddhistische Praktiken kennen, die bei der Bewältigung oder im Umgang mit der Angst nützlich sind. Sie halfen mir, meine eigenen Ressourcen zu entwickeln, um dadurch die Ängste zu besiegen oder sie – wenn nicht anders möglich – in den Alltag zu integrieren. Diese Methoden brachten mich ein Stück näher zu mir selbst und bringen mich mittlerweile immer wieder und immer häufiger ganz in die Gegenwart. Sie helfen mir, klarer, empfänglicher und aufrichtiger mir selbst und anderen gegenüber zu sein.

Der Weg, den ich nun zur Überwindung meiner Angsterkrankung einschlug, war im Vergleich zu der spirituellen Praxis, die ich all die vielen Jahre zuvor betrieben hatte, ein diametral entgegengesetzter: Lange hatte ich mich nach einem Himmelreich gesehnt, mich deshalb in lichtere Sphären meditiert, nach transzendenten Erfahrungen gesucht und die Erleuchtung im Visier gehabt. Jetzt aber arbeitete ich quasi in die umgekehrte Richtung, nach unten, durch meine verschiedensten Ängste hindurch. Es war und ist ein langer Prozess, der nicht nur viel Zeit, sondern auch viel Achtsamkeit, Mitgefühl und Selbstliebe fordert. Eigenschaften, die in der heutigen schnelllebigen Zeit nur schwer kultivierbar sind. Und vor allen Dingen braucht es Geduld. Diese zu entwickeln ist nicht leicht, insbesondere nachdem wir doch scheinbar hier und heute sofort alle unsere Wünsche erfüllen können.

Bei der Auseinandersetzung mit den verschiedensten Ängsten und ihrer Aufarbeitung ging es mir jedoch nicht darum, mich in düsteren vergangenen Dramen zu verlieren, nach Schuldigen zu suchen und in einer Anklage zu verharren. Für mich persönlich war es viel wichtiger, das, was ich verdrängt hatte, wieder in mein Bewusstsein zu holen, und anzuerkennen, was passiert war, um dann heilvolle Wege zu finden und so von nun an besser damit umgehen zu können. Die Erfahrung mit der »Leiche im Wald« hatte mir gezeigt, wie subtil Verdrängungsmechanismen sind. Und wie schön es ist, wenn sie erkannt und aufgelöst werden!

Bei dieser Aufarbeitung bildeten viele einfache Meditationen und Übungen eine große Hilfe. Sie unterstützten und unterstützen mich dabei, weniger gestresst, nervlich stärker und gesünder zu werden, zu sein und zu bleiben. Es sind auch Übungen, die darauf angelegt sind, dass alte schmerzliche Erfahrungen mir weniger ausmachen, Übungen, durch die ich mehr auf meinen Körper eingestimmt, besser in der Welt verankert und mehr im Frieden bin und dadurch mehr vor der Angst gefeit.

Als ich realisierte, welch umfassende Hilfestellung die buddhistische Lehre, das Wissen um die Vier Edlen Wahrheiten und insbesondere die buddhistische Psychologie mir im Umgang mit meinen eigenen Ängsten boten, konnte ich unendlich viel für meine eigene physische und psychische Heilung daraus schöpfen. Die buddhistische Psychologie lehrte mich besonders, dass schmerzliche Erfahrungen wie eine Angsterkrankung zum Leben gehören können und ich mich deswegen nicht zu schämen brauche. Dies war eine weitere Lektion. Die buddhistische Psychologie zeigte mir durch Achtsamkeit, Geduld, Mitgefühl und die Fähigkeit, die Vergänglichkeit anzuerkennen, auch, dass es einen Weg gibt, mit diesen Erfahrungen umzugehen, ohne daran zu zerbrechen oder zu verzweifeln. Somit wurde die Kultivierung dieser Tugenden ebenfalls eine Lektion. Durch sie lernte ich meinen Blick dahingehend zu verändern, dass in einem weiten Geist und in einem offenen Herzen alles Raum hat. Die Lektionen galt es aber nicht, numerisch abzuarbeiten, sondern intuitiv auszuwählen, weil sich meine Bedürfnisse von Tag zu Tag änderten und auch jeder Tag neue Anforderungen an mich stellte und ich immer wieder aufs Neue ausloten musste, was für meine eigene Heilung jetzt am besten war.

Was für ein Geschenk tat sich mir auf, als ich die Angst nicht mehr als eine schmerzvolle persönliche Erfahrung ansah, sondern sie als eine Chance annahm, mich vom Schleier der Unwissenheit zu befreien! Die Angst wurde sogar durch das neu gewonnene Verständnis zu einem Hinweisschild. Sie zeigte mir auf, wo sich Stress und unverarbeitete Emotionen verbargen. Sie verdeutlichte mir, dass es intrapsychische Dinge in meinem Leben gab, um die ich mich kümmern musste. Das schloss auch die unverarbeiteten traumatischen Erfahrungen mit ein. Allem voran aber signalisierte sie mir, dass ich etwas in meinem Leben verändern musste. Nämlich auf der Alltagsebene eine gesunde Balance zwischen Körper und Geist, Arbeit und Freizeit herstellen.

Im Körper ankommen

Durch die Erdung und meine intensiven Aufenthalte in der Natur in den ersten Monaten meiner Erkrankung entwickelte ich nach und nach wieder ein Gefühl für meinen Körper. Nachdem es mir gelungen war, erst für kurze Momente und dann für immer längere Zeitspannen Abstand zwischen mir und meinen Ängsten zu schaffen, fing ich endlich wieder an, das Leben zu genießen. Ich ließ mir das Essen wieder auf der Zunge zergehen. Ich nahm wieder das Gras unter meinen Füßen wahr, spürte den Stuhl, auf dem ich saß, und nahm wahr, wie sich mein ganzer Körper nachts wieder auf der Matratze entspannte. Je mehr ich in meinem eigenen Körper zu Hause war und die eigenen Empfindungen wahrnahm, desto leichter kam ich innerlich zur Ruhe. Irgendwann fühlte ich mich auch wieder ausgeglichener, nicht mehr so getrieben, und konnte mit einer gewissen Distanz betrachten, wie sehr ich all die Jahre durch mein eigenes Leben gehetzt war. Ich entdeckte mich dabei, wie ich jetzt entspannt und mit dem Gefühl, alle Zeit der Welt zu haben, auf einem Stuhl auf dem Balkon saß, den Blick in die Weite schweifen ließ und einen tiefen Seufzer der Erleichterung tat. Und das nur deshalb, weil mein Nervensystem nicht mehr vor lauter Übererregung flirrte.

Es brauchte viele, viele Monate, wirklich langsamer zu gehen. In der Stadt. In der Natur. Durch mein Leben. Anfangs wurde diese Entschleunigung meines Gangs durch meinen Verstand gesteuert. Tag für Tag sagte ich mir selbst immer wieder: »Schritt für Schritt barfuß gehen.« Ich wiederholte diesen Satz wie ein Mantra. Immer und immer wieder. Anfangs nahm die Angst so viel Platz in meinem Kopf ein, dass ich ihn mir auf einen Zettel schrieb. Später bekam ich eine wunderschöne Zeichnung geschenkt, auf der dieser Satz stand. Ich platzierte sie so in meinem Büro, dass mein Blick jedes Mal unweigerlich darauf fiel, wenn ich den Kopf hob, um vom PC aufzuschauen. Aber eines Tages musste ich die Worte nicht mehr im Geist rezitieren. Ich tat es! Ich ging einfach langsamer. Es war ein bereichernder und entlastender Moment zugleich, als ich merkte, dass es einfach nur eine Frage der Zeit ist, bis sich die Veränderungen zeigen und sich verinnerlichen.

Dieses »Schritt-für-Schritt-Gehen« wirkte sich dann auch zu meiner eigenen Erleichterung auf alle anderen Bereiche meines Leben aus, und es wurde zusehends entspannter. Ich hörte auf, mich täglich im Internet und in Tausend anderen äußeren Kleinigkeiten zu verlieren, strebte stattdessen wieder mehr nach konkreten, haptisch erlebbaren Erfahrungen – und erfreute mich daran. Meine Freundschaften gewannen wieder an Intensität und meine Beziehung an mehr Bezogenheit. Ich musste nicht mehr von einem Termin zum nächsten eilen, weil es nichts zu verpassen gibt, wenn wir bei uns selbst angekommen sind. Plötzlich konnte ich die Ruhe genießen, vor der ich früher aus Angst weggelaufen war.

Allerdings erlebte ich den Weg, heraus aus der Angst, hinein in die Freiheit, am Anfang als sehr anstrengend. Ich glaubte, es sei etwas, um das ich ringen müsste und für das ich etwas Besonderes leisten sollte. Genauso wie ich früher unbewusst in meinem Leben gekämpft hatte, wendete ich jetzt in meinem Heilungsprozess große Mühe auf, mich zu erden, meinen Körper wahrzunehmen und der Angst mutig zu begegnen. Ich bemühte mich um ein Ziel: das nächtliche Flimmern sollte sofort aufhören und ich wollte meine Angst überwinden. Und ich wollte es besonders gut machen! Das wiederum erschöpfte mich. Ich war von dem Willen angetrieben, gesund zu werden. Dabei kämpfte ich gegen etwas und gegen mich selbst an. Auch bis zu dieser Erkenntnis dauerte es lange, und ich gewann sie erst durch Achtsamkeit, Mitgefühl und Geduld. Erst nach und nach realisierte ich, dass es gerade der Kampf gegen mich selbst war, der es so anstrengend machte, wenn ich der Angst etwas entgegensetzen wollte. Die vielen Belehrungen ließen mich erkennen, dass mein Weg durch wichtige buddhistische Tugenden gangbarer wurde.

Es erforderte meine ganze innere Bereitschaft, mit Hilfe dieser Tugenden mein eigenes Verhalten besser zu verstehen und langfristig in eine heilvolle, gesunde und ganzheitlich ausgeglichene Richtung zu verändern. Jedes Mal, wenn mich wieder eine Welle der Angst erwischt hatte und mich – so wie es mir in jenen Momenten erschien – um Monate zurückwarf, war meine Frustration riesig und ich war verzweifelt. Dann erschien mir die ganze Praxis als fruchtlos. In solchen Momenten vergaß ich dann wieder, dass es ein langfristiger Prozess ist. Und es dauerte, bis ich erkannte, dass ich zwar immer wieder von der Angst erfasst wurde, es aber all diese Tugenden waren, die mir dabei halfen, nicht mehr so lange in dieser zu verharren.

Wie sich mittlerweile anhand von Forschungen gezeigt

hat, ist es gerade eine Tugend wie die Achtsamkeit, die im Umgang mit der Angst hilft. Allerdings musste ich meinen Geist erst dahingehend erziehen, diese Tugend immer und immer wieder zu praktizieren, um sie entsprechend zu kultivieren. Denn erst durch die regelmäßige Praxis und Kultivierung von Achtsamkeit, Geduld, Mitgefühl und die Akzeptanz der Vergänglichkeit können wir eine langfristige heilsame Geisteshaltung stärken. Wir werden diese Tugenden jedoch nicht nacheinander entwickeln können, mal wird der eine Aspekt mehr im Vordergrund stehen, mal ein anderer. Und trotzdem beeinflussen sie sich alle gegenseitig auf eine sehr fruchtbare Weise und unterstützen uns darin, besser mit schmerzvollen Situationen umzugehen. Und diese Veränderung vollzieht sich auch in den Momenten, in denen wir Rückschläge erleiden.

ACHTSAMKEIT ENTWICKELN

Es gibt für den Menschen eine wunderbar hilfreiche Methode,
sich zu reinigen, Kummer und Leid zu überwinden,
Sorgen und Ängste loszulassen, den richtigen Weg zu gehen
und das Nirvana zu verwirklichen.
Es ist die Methode der Achtsamkeit. DER BUDDHA

Auch wenn die für mich wichtigsten Tugenden auf den folgenden Seiten nacheinander aufgeführt werden, so greifen sie doch, wie bereits erwähnt, ineinander über. Mal ist es der eine Aspekt, der mehr in den Vordergrund tritt, mal ein anderer. Gleichzeitig aber bedingen und beeinflussen sie sich wechselseitig. Dennoch stellt die Achtsamkeit im

Buddhismus einen der grundlegenden Aspekte dar. Sie ist quasi der Boden für all die anderen Samen.

Im Laufe der Jahre erlebte ich die Achtsamkeit auch für mich persönlich als den Ausgangspunkt und das Ziel der buddhistischen Praxis zugleich. Es war Thich Nhat Hanh, der mich erst durch seine Bücher und später auf einem Tag der Achtsamkeit in Kontakt damit brachte. Der vietnamesische Mönch, Schriftsteller und Lyriker wurde hier im Westen besonders durch die Kultivierung der Achtsamkeitspraxis bekannt. Neben dem Dalai Lama gilt er als einer der profiliertesten zeitgenössischen buddhistischen Lehrer. Seit seiner Jugend ist er ein dezidierter Vertreter eines engagierten Buddhismus und sein soziales, spirituelles und politisches Engagement führt ihn zu zahlreichen Retreats und Vorträgen rund um die Welt. Thich Nhat Hanh wird nicht müde zu betonen, dass es die kontinuierliche meditative Praxis ist, die zu einer spirituellen Reife führt. Die Achtsamkeit und der eigene bewusste Atem bilden die Basis. Achtsamkeit wird von Thich Nhat Hanh definiert als die Kunst, in jedem Moment geistig präsent zu sein und dadurch voll und ganz in der Gegenwart zu leben.

Laut Thich Nhat Hanh muss der Mensch sich redlich und stetig darum bemühen, jeden einzelnen Augenblick im Verlauf eines Tages in gleichbleibend hoher Wachheit mit entsprechender Achtsamkeit wahrzunehmen. Allerdings haben wir von Natur aus die Tendenz, psychisch und physisch sehr stark auf sämtliche äußere Reize zu reagieren. Aber auch unsere Gefühle, insbesondere negative wie Ärger und Wut, Angst und Verzweiflung, führen dazu, dass wir unachtsam werden und uns in Gedanken verlieren. Registrieren wir hingegen all unsere unmittelbaren gefühlsmäßigen Reaktionen in einer Haltung unerschütterlicher Achtsamkeit, werden ihre Auswirkungen allein durch diese hohe Achtsamkeit abgeschwächt. Je geübter wir in der formalen Achtsamkeitspraxis, d.h. in der Meditation, und der informalen Praxis, d.h. in der angewandten Achtsamkeit, im täglichen Leben sind, desto mehr können negative Reaktionen mit der Zeit eine heilvolle Transformation erfahren.

Der vietnamesische Mönch zieht deshalb auch keine Trennlinie zwischen formalen Meditationsformen wie Sitz- und Gehmeditation und der Achtsamkeitspraxis im Alltag. Achtsamkeitsübungen dienen der Stabilisierung voller Präsenz im gegenwärtigen Augenblick und trainieren die Fähigkeit, sich immer umfassender und schließlich vollständig, das heißt ausschließlich auf sein gegenwärtiges Tun auszurichten. Das Ertönen eines Gongs oder das Klingeln des Telefons werden gerne als Erinnerungspfeiler angesehen, die uns darin unterstützen können, in den gegenwärtigen Moment zurückzukehren. Sämtliche Alltagsaktivitäten, besonders solche, die regelmäßig wiederholt werden, gelten als Achtsamkeitsübungen, da wir speziell bei Routinehandlungen in eine Art Autopilot verfallen und nicht mitbekommen, was wir gerade tun. Je achtsamer und damit wertfreier wir in der Wahrnehmung unserer einzelnen Sinneseindrücke sind, desto schneller kommen wir im gegenwärtigen Moment an.

Aus diesem Grund versuchte ich gezielt, mit Hilfe meiner Sinne immer wieder in den gegenwärtigen Moment zurückzukommen. Nur so gelang es mir, mich von den destruktiven und angstvollen Gedanken zurück in den gegenwärtigen Moment zu holen. Ich versuchte, meine Umgebung immer wieder achtsam wahrzunehmen oder neue Dinge zu entdecken. Anfangs, als die Angsterkrankung mich vollkommen besetzt hatte, war dies noch nicht möglich. Mein Blick hatte sich so verengt, dass ich nichts anderes mehr wahrnahm. Meine ganze Aufmerksamkeit galt der Angst. Aber nach einigen Wochen gelang es mir dann, meine Aufmerksamkeit immer wieder umzulenken. Anfangs waren es nur kurze Momente, bevor mir die Angst erneut den Blick für die Wunder des Lebens verstellte. Dann aber weitete sich mein Blick allmählich durch die Achtsamkeit. So geschah es, dass ich einen Baum, ein Haus oder einen Brunnen, also Dinge, an denen ich schon viele Hundert Male vorbeigegangen war, zum ersten Mal wirklich wahrnahm. Erst jetzt zum Beispiel sah ich eine alte große Kastanie im Englischen Garten zum ersten Mal in ihrer ganzen Pracht. In ihrer Ruhe. In ihrer Präsenz. Zum ersten Mal nach so vielen Jahren fuhr ich nicht gedankenverloren mit dem Rad an ihr vorbei, sondern suchte sie bewusst immer wieder auf. Setzte mich in ihren Schatten. Lehnte mich an ihren mächtigen Stamm. Entspannte mich in ihrer Gegenwart.

Mit der Zeit fing ich an, mit den Objekten meiner Achtsamkeit zu spielen. Dann verfeinerte ich meine Übung mit dem achtsamen Sehen dahingehend, dass ich den ganzen Tag in meiner Umgebung auf eine einzige Farbe achtete und meine Aufmerksamkeit gezielt auf sie richtete. Mal war es die Farbe Blau, an einem anderen Tag war es Rot oder Gelb. Dabei hielt ich nicht nur nach dem Naheliegenden Ausschau, sondern auch nach weniger offensichtlichen Erscheinungsformen wie zum Beispiel allen Schattierungen einer Farbe.[27] So wurde mir an einem Tag im Sommer plötzlich die Artenvielfalt der gelben Blumen bewusst! Hatte ich dies doch zuvor oftmals nur gedankenverloren in der weiteren Peripherie meines Gesichtsfeldes wahrgenommen und dabei gar nicht erkannt, dass Gelb nicht gleich Gelb ist und selbst zwei gelbe Blumen einer Art ganz unterschiedlich aussehen können. Ich staunte immer wieder, wie bunt mein Leben durch diese Übung wurde. Bei genauer Betrachtung wurden manches Unkraut am Wegesrand und manche Wiese auf einer Wanderung zu einem wahren Wunder der Farben- und Formenvielfalt. Mitunter fühlte ich mich wie ein kleines Kind, das dabei war, die Welt, in der es lebt, zum ersten Mal zu erkunden. Und ich freute mich immer wieder zu sehen, wie hilfreich die Praxis der Achtsamkeit tatsächlich ist. Weil es mir dadurch stets auf Neue gelang, allein durch die Lenkung meiner Aufmerksamkeit auf einen gelben Löwenzahn am Straßenrand von meiner Angst wegzukommen und so innerlich zu entspannen. Folgende Übung war für mich hierbei besonders anfangs eine wertvolle Unterstützung.

Übung:
Aufblicken und umschauen

Sehen Sie im Verlauf eines Tages immer wieder nach oben. Betrachten Sie ganz achtsam die Gebäude, Baumkronen, Vögel, den Himmel oder die Zimmerdecke. Achten Sie darauf, welche neuen Dinge Sie entdecken. Sie können sich auch umschauen oder den Blick zur Erde senken. Was entdecken Sie alles auf der Straße?! Diese Übung kann Sie auch im übertragenen Sinne darin unterstützen, Ihren Blick weg von der Angst, hin zu Neuem zu richten.

Ein Feld der Achtsamkeit aufbauen

Zum Zeitpunkt meiner Erkrankung erinnerte ich mich auch wieder an meine erste Begegnung mit Thich Nhat Hanh. Es war Anfang 2000 auf einem »Tag der Achtsamkeit« im Haus Maitreya in Hohenau. Im Verlauf dieses Tages übten wir, das heißt eine Gruppe von 300 Menschen, alle gemeinsam verschiedene Formen der Achtsamkeitspraxis. Gemeinsam liefen wir über eine Wiese, um Schritt für Schritt achtsam zu gehen. Gemeinsam aßen wir zu Mittag, um Bissen für Bissen achtsam zu essen. Gemeinsam meditierten wir, um Atemzug für Atemzug im gegenwärtigen Moment zu verweilen.

Für mich war es ein unvergesslicher Tag gewesen, an dem ich mich getragen fühlte von Harmonie, Freude und Achtsamkeit. An dieses Gefühl der Verbundenheit erinnerte ich mich jetzt, als ich krank war, immer wieder. Aber nicht nur das. Ich nahm die Erinnerung an diese Erfahrung mit auf meine Wanderungen. Ich stellte mir dabei vor, wie ich zusammen mit Thich Nhat Hanh, eingehüllt in seine Aura, achtsam durch die Münchner Parks, durch das bayerische Bergland oder am Ufer des Starnberger Sees entlangging. Diese Erinnerungen und diese innere Verbindung mit dem vietnamesischen Lehrer schufen in mir ein heilsames Energiefeld. Sie ließen mich achtsamer gehen. Sie ließen mich bewusster atmen. Sie halfen mir besonders an solchen Tagen, an denen es mir schwerfiel, allein ein Feld der Achtsamkeit aufzubauen.

Die Vorstellung, mit Thich Nhat Hanh zusammen beim Mittagessen zu sitzen, half mir ebenfalls, achtsamer, langsamer und bewusst zu essen. Aß ich nämlich allein, verlor ich mich erfahrungsgemäß in Gedanken oder aß zu hastig.

Allein die geistige Vorstellung, einen so großen Achtsamkeitslehrer wie ihn als Gast zum Essen zu haben, machte mich präsenter für den Moment. Achtsamer für das Bewusstsein, wie viele Menschen daran beteiligt waren, dass ich überhaupt etwas auf dem Teller hatte. Und sie half mir dabei, Bissen für Bissen und Schluck für Schluck die köstlichen Speisen und Getränke zu genießen. Erst dadurch entfaltete sich auf meinem Gaumen wieder die ganze Geschmacksvielfalt der verschiedenen Gewürze, der unterschiedlichen Obst- und Gemüsesorten. Erst dadurch ließ ich mir auch nach dem Essen mehr Zeit und blieb noch ein paar Minuten in Ruhe sitzen, anstatt wie früher sofort wieder aufzustehen, um weiter durch den Tag zu hetzen.

Ich war erstaunt und beglückt zugleich, wie viele Möglichkeiten dem eigenen Geist innewohnen. Ja, dass allein die Vorstellung, mit einem achtsamen buddhistischen Lehrer wie Thich Nhat Hanh zusammenzusitzen, so viele heilvolle Impulse in meinem ganzen System auslöste. Dazu brauchte es nicht viel! Nur etwas Achtsamkeit.

An anderen Tagen, an denen ich keinen Zugang zu Thich Nhat Hanh hatte, half mir der bekannte amerikanische Mediziner und Meditationslehrer Jon Kabat-Zinn, Achtsamkeit zu praktizieren. Ich hatte bereits viele Jahre zuvor eine Fortbildung bei ihm besucht und dabei seine Methode näher kennengelernt, was mir jetzt sehr zugute kam. Mit seinem Body-Scan hatte er mir ein wichtiges Werkzeug an die Hand gegeben. Viele Male hörte ich die entsprechenden Anleitungen, die ich auf mein iPhone heruntergeladen hatte. In 40 Minuten führt einen der Body-Scan durch den eigenen Körper. Absichtslos und achtsam. Jon Kabat-Zinns Methode half mir, Achtsamkeit für meinen Körper zu entwickeln und dabei meinen Geist zu entspannen. Ich hörte die Anleitungen nachts, wenn ich vor Angst nicht schlafen konnte. Ich hörte sie morgens nach dem Aufwachen. An manchen Tagen entspannte ich bereits nach wenigen Minuten. An anderen Tagen ging gar nichts! Dann fiel mir die gleiche Stimme, die mich eine Nacht zuvor zutiefst entspannt hatte, plötzlich enorm auf die Nerven. Dies achtsam festzustellen, mich selbst dabei nicht zu bewerten oder zu verurteilen, wurde ebenfalls zum Teil meiner Achtsamkeitspraxis.

Die von Kabat-Zinn entwickelte MBSR-Technik[28], im Deutschen »Stressbewältigung durch die Praxis der Achtsamkeit« genannt, wird mittlerweile in immer mehr Universitätskliniken, Krankenhäusern, Gesundheitszentren, aber auch in politischen Institutionen erfolgreich praktiziert. Kabat-Zinns These lautet: »Unsere körperliche und geistige Gesundheit sowie unser ganzheitliches Wohlergehen stehen auf dem Spiel, wenn es uns nicht gelingt, in dieser aus den Fugen geratenen Welt wieder zur Besinnung zu kommen, als Individuen und als menschliche Gemeinschaft.« Kabat-Zinn weist auch darauf hin, wie schwer es ist, Achtsamkeit im tiefen buddhistischen Sinne zu erlangen: »Achtsamkeit ist ein klares Gewahrsein dessen, was in jedem einzelnen Moment geschieht. Sie zeichnet sich dadurch aus, dass sie ganzheitlich und makellos ist.«[29]

Achtsam zu sein bedeutet, Herz und Geist ganz und gar, mit vollem Gewahrsein in jeden Augenblick einzubringen. Aber absolut achtsam im buddhistischen Sinne zu sein, ist nach Jon Kabat-Zinn gar nicht so einfach: »Wenn ich wirklich absolut achtsam bin, dann ist dort auch kein Gedanke, sodass ich auch nicht mehr bewerten kann. Aber es ist leichter gesagt als getan. Bei den meisten Menschen ist es so, dass sie, auch wenn sie aufmerksam sind, immer noch von Millionen Gedanken gequält werden, und die meisten dieser Gedanken sind noch dazu sehr wertend, oftmals darüber hinaus auch noch sehr subtil. Wenn man zum Beispiel ein Geräusch hört, ist es sehr schwer, nur unmittelbar das Geräusch zu hören. Wenn man zum Beispiel ›tweek, tweek‹ hört, glaubt man, einen Vogel zu hören. Dabei hört man in dem Moment keinen Vogel, sondern nur das Geräusch ›tweek, tweek‹. Doch der Verstand schaltet sich sofort ein, wenn er dieses Geräusch hört, und sagt: Vogel! Das heißt, dass wir die meiste Zeit nicht unmittelbar in Kontakt mit unseren Sinnen sind. Die einzige Art, durch die wir die Welt erfahren können, ist durch die Sinne. Es gibt viel mehr als nur die fünf Sinne – sehen, hören, riechen, fühlen, schmecken. So kann man Achtsamkeit durch unmittelbares, wirkliches Sehen kultivieren. Man kann lernen, wirklich zu sehen und nicht nur durch die Augen des konditionierten Menschen. Das Gleiche gilt für die Wahrnehmung der Welt durch die anderen Sinne. Man kann unmittelbar hören, und nicht nur durch die Ohren eines konditionierten Menschen hören, etc. Aber um dies zu können, bedarf es eines sehr hohen Maßes an Achtsamkeit.«[30]

Wertfreie Achtsamkeit zu praktizieren, ist eine hohe Kunst. Je achtsamer ich im Verlauf der Zeit wurde – und das dauerte lange –, desto stärker wurde ich mir bewusst, wie ablenkbar mein Geist überhaupt ist. Ich selbst bewertete jeden Sinnesreiz unmittelbar: Das ist gut. Jenes ist schlecht. Dieses macht mir Angst. Jenes bereitet mir Freude. Viele der Urteile, auf die meine Bewertungen zurückgingen, lagen allerdings weit in der Vergangenheit und hatten oft mit der gegenwärtigen Situation gar nichts zu tun. Aber mein Verstand und die in meinem Gehirn gespeicherten Konditionierungen waren scheinbar zu schnell für die unmittelbare Wahrnehmung. Scheinbar. Nach und nach begriff ich, dass es keine Frage der Schnelligkeit, sondern eine Sache der Übung war und ist, wirklich achtsam zu sein, mich von den alten Bewertungen zu befreien und dem, was gerade passiert, ganz unmittelbar und offen zu begegnen.

Achtsames Erden

Die Achtsamkeit half mir auch sehr, meine Erdung zu vertiefen. Ich nutzte meine Wanderungen und die Spaziergänge mit unserem Hund als bereichernde Achtsamkeitsübung. Mal richtete ich meine Achtsamkeit auf die Gerüche. Das Holz. Die Luft. Die Blüten. Das Gras. Wie prall ist das Leben, wenn wir ganz im Moment leben. Wie sinnlich kann jede einzelne Erfahrung sein, wenn wir wandern und uns für die verschiedenen Duft- und Geruchsnuancen öffnen, die es im Wald, auf dem Berg oder am See zu erfahren gibt. Endlich war ich wieder offen und berauschte mich daran, wenn der Jasmin oder der Lavendel ihren Duft verschwenderisch in die Luft pressten. Ein anderes Mal richtete ich meine Aufmerksamkeit auf das Fühlen, das Wahrnehmen der Erde. Manchmal ging ich stundenlang barfuß. Schritt für Schritt. Waldboden ist nicht gleich Waldboden – mal weich, mal moosig, dann wieder wurzelübersät. Eine ganz unterschiedliche Bodenbeschaffenheit tut sich auf, wenn wir die Erde unter uns wahrnehmen. Dann wird sie zu einem lebenden Organismus, mit dem wir verbunden sind. Wenn es mir nicht möglich war, barfuß zu gehen, stellte ich mir immer wieder vor, keine Schuhe zu tragen. Dadurch entwickelte ich im Laufe der Zeit auch in der Stadt wieder eine ganz andere Wahrnehmung für meine Füße und für den Untergrund, auf dem ich ging.

Es dauerte eine ganze Zeit, bis ich langsamer ging. Besonders an Brennpunkten in der Stadt, an denen viele Menschen aufeinandertreffen. War ich in Gedanken verloren, zog mich der Strom der Menschenmenge mit sich, und ich lief automatisch schneller, weil alle es taten. Erst durch die Achtsamkeit konnte ich immer wieder aufs Neue einen Gang runterfahren.

Auch mein Körper war so sehr auf den Modus »schnell laufen« programmiert, dass ich erst nach einiger Zeit erkannte, dass ich selbst an Tagen, an denen ich es nicht eilig hatte, schneller lief als nötig. Mit meinem Geist war ich meinem Körper immer ein paar Schritte voraus und das, ohne es wirklich zu merken. Und dabei hielt ich nur Schritt mit vielen anderen Menschen, die durch die Straßen hetzten. Hier hatte sich ein Automatismus eingestellt, den ich nur langsam ändern konnte. Aber nach und nach gelang es mir dann auch, das achtsame Gehen in meinen Alltag zu integrieren, um ein automatisches Abspulen der Handlung zu vermeiden.

Manchmal versuchte ich mir auch vorzustellen, wie es wohl ausgesehen haben mochte, als der Buddha selbst Achtsamkeit praktizierte. Ich wusste um die Geschichte, wonach der Buddha – nachdem er Erleuchtung erlangt hatte – einer Gruppe von fünf Asketen begegnete, mit denen er vor seinem Erwachen lange Zeit zusammen gewesen war, und diese bereits aus der Ferne an der Art seines Gehens erkennen konnten, dass sich der Buddha grundlegend verändert haben musste. Später wurde die Gehmeditation übrigens zu den grundlegenden Übungen der buddhistischen Achtsamkeitspraxis. Sie stellt das Pendant zur buddhistischen Sitzmeditation dar. Der Buddha hatte die Achtsamkeit auf das Gehen und auf die Körperhaltungen sehr kultiviert, und Thich Nhat Hanh trat als wohl bekanntestes Beispiel in seine Fußstapfen. Der Buddha sagte zu seinen Schülern: »Wenn der Mönch steht, weiß er, dass er steht.« Und Thich Nhat Hanh sagt zu seinen Schülern und schreibt es auch immer wieder in seinen Büchern: »Wenn ich gehe, dann gehe ich.« Er prägte auch ein wunderschönes Bild, nämlich die Vorstellung, dass bei jedem Schritt, den wir achtsam gehen, eine Blume unter unseren Füßen wächst.

An Tagen, an denen die Angst mir wieder besonders im Nacken saß, stellte ich mir einfach vor, ich wäre selbst ein Buddha. Ich versuchte, eine aufrechte, wache und klare Körperhaltung einzunehmen. Dabei war es egal, ob ich nur ein paar Meter ging oder ob ich eine Wanderung in den Bergen machte. Jedes Mal stellte ich mit Erstaunen – und natürlich mit großer Freude – fest, dass die Angst einer so würdevollen inneren Haltung wie der eines Buddha nicht standhalten konnte. Und so richtete ich mich bereits nach kurzer Zeit innerlich mehr auf und ging wieder achtsam Schritt für Schritt. So lange, bis die Angst vollkommen verflogen war. Es funktionierte! Die Achtsamkeit wurde nach der Erdung ein zentraler Aspekt in Richtung Befreiung von den Ängsten. Die achtsame Verankerung im Körper durch die Atmung die weitere wichtige Hilfe.

> **Übung:
> Gehen wie ein Buddha**
>
> Stellen Sie sich vor, dass Sie selbst ein Buddha sind. Versuchen Sie, eine aufrechte, wache und klare Körperhaltung einzunehmen. Egal, ob Sie nur ein paar Meter gehen, vielleicht zu einer wichtigen Besprechung mit Ihrem Chef, oder ob Sie eine Wanderung in den Bergen machen. Sie werden feststellen, wie spannend es ist, wenn Sie sich vorstellen, vollkommen erleuchtet zu sein. Automatisch werden Sie sich innerlich mehr aufrichten und achtsam Schritt für Schritt gehen – wo immer Sie hingehen. Sollten Sie keinen Bezug zu Buddha haben, können Sie sich auch vorstellen, dass Sie gehen wie Christus oder wie Franz von Assisi. Suchen Sie sich ein Ideal der Ruhe und Achtsamkeit aus.

Die Atmung vertiefen

Wie ein Anker ein Boot vor dem Abdriften bewahrt,
sorgt die bewusste Atmung dafür,
dass wir uns auf den Moment konzentrieren
und unser wahres Selbst nicht aus den Augen verlieren.

THICH NHAT HANH

Als ich im Verlauf meiner Erkrankung nach vielen Monaten, ausgelöst durch eine Entzündung am linken Auge, einen ziemlich schweren Rückfall in die Angst erlebte, empfahl mir mein Hausarzt, für einige Zeit Psychopharmaka zu nehmen, um mein Nervensystem zu beruhigen. Dieses wurde nämlich durch jede Angstattacke wieder über die Maßen erregt. Zuerst wehrte ich mich innerlich mit Händen und Füßen gegen diesen Ratschlag. Ich hatte das Gefühl, persönlich zu versagen, da ich Tabletten im Prinzip ablehnte und stets bemüht war, alles nur mit naturheilkundlichen Methoden und mit meinem Willen wieder in den Griff zu bekommen. Aber dieser Rückfall führte dazu, dass ich mich körperlich wieder so fühlte, als wäre ich an eine Starkstromleitung angeschlossen oder hätte fünf Kannen Kaffee getrunken. Es war ein schreckliches Gefühl. Diese Mischung aus Übererregung auf der körperlichen Ebene und Erschöpfung auf der mentalen Ebene machte mich mit der Zeit ziemlich mürbe. So sehr ich mich auch bemüht hatte, aber auf einer tiefer liegenden Ebene kamen mein Organismus und mein Geist einfach nicht zur Ruhe. Widerstrebend und mit dem Gefühl des persönlichen Versagens willigte ich schließlich ein und erklärte mich bereit, das Medikament nur so lange zu nehmen, bis sich mein ganzes System wieder einigermaßen beruhigt hatte.

Ich nahm die Tabletten morgens und abends. Sie taten mir gut. Mein Nervensystem kam zur Ruhe. Mein Geist auch. Nach nur drei Wochen wollte ich das Medikament absetzen, merkte dann aber schnell, dass mein ganzes System sich nicht wirklich beruhigt hatte, sondern durch die Tabletten nur betäubt worden war. Deshalb wollte ich mir selbst noch eine weitere Frist von sechs Wochen geben und die Tabletten weiter nehmen.

Nach weiteren zwei Wochen musste ich beruflich in die Schweiz. Ich sollte über ein Meditationsretreat berichten und im Rahmen dieser Veranstaltung außerdem ein Interview mit der Seminarleiterin führen. Das Retreat fand im

Seminarzentrum Felsentor statt, einem Meditationszentrum, das nur mit der Zahnradbahn erreicht werden kann. Gerade in diesen Wochen fühlte ich mich psychisch sehr labil. Gleichzeitig aber wollte ich mich partout nicht von der Angst einschränken lassen. Ich wollte ihr immer wieder die Stirn bieten und versuchte deshalb, mein normales Leben, soweit es mir möglich war, weiterzuführen. Ich suchte auch immer nach Möglichkeiten, kreativ oder spielerisch mit meiner Angst umzugehen. Gleichzeitig war ich natürlich sehr aufgeregt und gespannt, ob es mir überhaupt bekommen würde, mich in einer so akuten Phase der Erkrankung in die Stille zu begeben. Ich kannte weder den Ort noch die Seminarleiterin. All die Monate zuvor hatte ich immer engen Kontakt mit meinem Arzt gehabt oder aber mich in meiner Beziehung aufgehoben gefühlt und so, wann immer mir die Angst zu viel wurde, Ansprechpartner gehabt, die mich beruhigten. Auf dem Retreat würde es niemanden geben.

Da ich meine Angst aber überwinden wollte, überlegte ich mir Folgendes: Sollte mich die Angst wieder bestürmen, würde ich mir einfach vorstellen, dies wären gar nicht meine eigenen Ängste, sondern die meiner Zimmernachbarin, meiner Nachbarin beim Essen oder meines Nachbarn bei der Meditation. Allein diese Vorstellung veränderte noch vor der Abreise meine Einstellung zu all den lästigen angstbesetzten Gedanken, die mir tagtäglich durch den Kopf rauschten. Und ich räumte mir gegenüber die Option ein, dass ich, sollte all dies nicht funktionieren, jederzeit abbrechen und nach Hause fahren könnte.

In der Schweiz angekommen, parkte ich am Abend mein Auto auf dem Parkplatz der Talstation und fuhr mit der letzten Zahnradbahn hinauf ins Meditationszentrum. Als ich im Zentrum eintraf und mich in meinem Zimmer einrichtete, bemerkte ich, dass ich meine Kulturtasche und damit auch meine Tabletten im Auto vergessen hatte. In dem Moment schoss die Angst natürlich wieder durch meinen ganzen Körper und setzte sich in meinem Verstand fest. Was, wenn die Angst über Nacht wieder drastisch zunehmen würde? Niemand vor Ort wusste um meinen Zustand, und ich wollte ihn auch nicht thematisieren. Aber all das machte mir noch mehr Angst. Was, wenn mein Nervensystem dadurch noch erregter werden würde, als es sowieso schon war? Was, wenn ich aufgrund der veränderten Umstände nachts plötzlich eine Angstattacke bekäme und keine Person meines Vertrauens in der Nähe wäre? All diese Fragen beunruhigten mich wieder zutiefst. In solchen Momenten wurde mir erst richtig klar, wie instabil ich immer noch war. Während ich vor meiner Erkrankung Exkurse wie diesen geliebt hatte, war mir jetzt angst und bange. Auch daran musste ich mich gewöhnen. Um mich selbst nicht mehr als nötig zu überfordern, kündigte ich in der abendlichen Vorstellungsrunde an, dass ich am kommenden Morgen noch einmal ins Tal fahren müsste, um meine Kulturtasche zu holen. Womit ich aber nicht gerechnet hatte, war, dass verschiedene Teilnehmer und die Kursleiterin mir spontan Zahnbürste, Creme, Seife etc. anboten. Da ich auf keinen Fall sagen wollte, dass ich Tabletten nahm, akzeptierte ich das Angebot. Jetzt war es an mir, mit der Situation fertigzuwerden. Etwas brachte mich zum Schmunzeln. Anscheinend war ich unbewusst schon wieder gesünder, als ich dachte, denn sonst hätte ich die Tabletten wohl gehütet wie meinen Augapfel.

An diesem ersten Abend, als wir unsere erste gemeinsame Meditation hatten, erinnerte ich mich wieder an den Buddha, der wusste, dass der Atem uns von physischen und psychischen Schmerzen befreien kann. Für ihn stellte die bewusste Atmung sogar ein wesentliches Instrument auf dem Weg zur Erleuchtung dar. Deshalb vermittelte er seinen Schülern in dem sogenannten Ânâpânasati-Sutra das bewusste Ein- und Ausatmen.[31] »Man übt sich darin: Indem ich die Vergänglichkeit betrachte, atme ich ein. Indem ich die Vergänglichkeit betrachte, atme ich aus. Man übt sich darin: Indem ich das Loslassen betrachte, atme ich ein. Indem ich das Loslassen betrachte, atme ich aus.« Bei diesem Sutra werden Körper, Gefühle und Gedanken beobachtet. Grundlage all dieser Betrachtungen ist einzig und allein der Atem, der hier als Anker für den Geist verwendet wird. Er unterstützt den Praktizierenden darin, sich immer wieder mit vollem Gewahrsein in den gegenwärtigen Moment zurückzuholen.

Und auch wenn dieses Sutra mehr als 2500 Jahre alt ist, so hat es bis zum heutigen Tag nichts an Gültigkeit verloren. Deshalb wird es auch von zeitgenössischen buddhistischen Lehrern immer wieder als eine der wichtigsten Atemübungen überhaupt beschrieben. Auch Thich Nhat Hanh weist immer wieder darauf hin, dass man mit Atemübungen die eigene Achtsamkeit schulen und aufrechterhalten kann. Bei seiner Arbeit mit dem Atem stützt er sich ebenfalls auf das Ânâpânasati-Sutra. Die einfache und doch so schwer zu befolgende Empfehlung von Thich Nhat Hanh lautet: »Sei immer achtsam, wenn du einatmest, und achtsam, wenn du ausatmest. Wenn du tief einatmest, wisse: Ich atme tief ein. Wenn du kurz einatmest, wisse: Ich atme kurz ein. Wenn du tief ausatmest, wisse:

Ich atme tief aus. Und wenn du kurz ausatmest, wisse: Ich atme kurz aus.«[32] Mehr als irgendein anderer buddhistischer Lehrer weist er immer wieder darauf hin, wie wichtig es ist, den bewussten Atem in den Alltag zu integrieren. Er sieht darin das beste Mittel, um inmitten all der täglichen Aktivitäten wach zu bleiben. Nach meiner Erkrankung musste ich oft daran denken, dass ich Thich Nhat Hanh mehrfach auf Pressekonferenzen getroffen hatte, und egal, wozu ich ihn befragte – ob es dabei um die politische oder um die persönliche Lösung eines Problems ging –, jedes Mal antwortete er: »First you breathe in and then you breathe out.«

Statt also hinunter ins Tal zu fahren und meine Tabletten zu holen, achtete ich in meiner Not jetzt noch viel mehr auf meinen Atem, als ich es sonst tat. Ich arbeitete mit ihm. Er und die Angst kämpften miteinander. Atemzug für Atemzug. Immer wieder aufs Neue. Anfangs war die Angst nicht bereit, ihre Vormachtstellung aufzugeben. Es erforderte meine ganze Aufmerksamkeit. Es dauerte, bis ich meinen ganzen Körper mit meinem eigenen Bewusstsein ausfüllen konnte. Atemzug für Atemzug ein Stückchen mehr. Nach und nach musste die Angst mir weichen. Ich verankerte mich regelrecht im Becken. Ich kam mir vor, als würde ich versuchen, ein Boot an einem stürmischen Tag, an dem die Wellen unerbittlich sind, am Kai festzumachen und dabei immer wieder das kalte Nass ins Gesicht geschleudert bekommen. Und trotzdem gelang es mir, in mir selbst, ganz alleine aus mir heraus, Atemzug für Atemzug mich ein bisschen mehr zu beruhigen. Es dauerte. Aber es funktionierte! Der Atem wurde zum Anker für meinen Geist und zur Medizin für mein Nervensystem. An diesem Abend wusste ich, dass ich einen ganz entscheidenden Schritt in Richtung Heilung geschafft hatte.

In den kommenden Tagen wachte ich jeden Morgen mit einem Gefühl der Angst und Übererregung meines Nervensystems auf. Aber nachdem wir dann in der Gruppe eine Stunde vor dem Frühstück meditiert hatten und ich intensiv mit meinem Atem gearbeitet hatte, ging es mir erstaunlich gut! Ja, es ging mir sogar so gut, dass mein Nervensystem sich entspannte und meine Angst sich verflüchtigte. Für mich war diese Erfahrung wieder einmal ein Beweis dafür, wie heilsam der Atem ist. Aber sie hatte mir auch gezeigt, dass es wirklich einer sehr großen Willenskraft bedarf, die Angst zu bändigen, sodass sie einem nicht mehr schadet. Als ich das Felsentor nach fünf Tagen verließ, hatte ich das Gefühl, dass nun die Zeit gekommen war, in der ich die Tabletten nicht mehr benötigte. Ich besprach mich mit meinem Hausarzt, der ebenfalls erfreut war, dass es mir gelungen war, nach so kurzer Zeit die Medikamente wieder abzusetzen.

Inspiriert durch diese Erfahrung diente mir der Atem in den darauffolgenden Monaten immer mehr und immer wieder als Anker. Jeden Tag hielt er neue Erfahrungen für mich bereit. Stieg Angst in mir auf, konnte ich sie im Laufe der Zeit durch den Atem besänftigen. Mal mehr, mal weniger. Mal schneller, mal langsamer. Dabei atmete ich tief in den Unterbauch oder ins Becken hinein, ließ den Ausatem doppelt so lange werden, hielt einen Moment inne und atmete dann wieder ein. In manchen Nächten brauchte ich Hunderte solcher bewusster Atemzüge, um mich zu beruhigen. Um meinen Geist aus der Zukunft zurück in die Gegenwart zu holen. Und um mich zu entspannen. Immer wieder aufs Neue musste ich mich hierin üben. Wenn mich eine Angstwoge wegen meines nächtlichen Flimmerns wegschwemmte, holte ich mich selbst mit Hilfe des Atems zurück, um mich in meinem Körper zu verankern – und dadurch schließlich wieder zu entspannen. Mit der Zeit gelang es mir immer schneller, das Gefühl der Enge in meinem Brustkorb durch die bewusste Atmung zu weiten und meinen Geist aus den Klammern der Angst zu befreien. Aber auch hier brauchte es immer wieder Motivation, Achtsamkeit und Geduld. Besonders gut half mir folgende Übung:

> **Übung:**
> **Den Atemanker auswerfen**
>
> Suchen Sie sich einen Ort, an dem Sie aufrecht sitzen können. Atmen Sie tief ein und aus. Lassen Sie den Ausatem länger werden als den Einatem. Stellen Sie sich dabei vor, dass Ihr Atem ein Anker für Ihren Geist ist. Suchen Sie sich einen Ort in Ihrem Körper aus, an dem Sie diesen Anker gut befestigen können. Das Becken ist ideal. Wenn Sie Ihren Geist durch Ihren Atem im Körper verankern, kann er Ihnen nicht durchbrennen und sich in zukünftigen Situationen verlieren, die Ihnen Angst machen. Bleiben Sie so lange bei Ihrem Atem, bis Sie entspannter sind.

Der Atem kann uns darin unterstützen, uns auf der psychischen Ebene auszugleichen und zu entspannen. Das hängt auch damit zusammen, dass der Atem auf den Parasympathikus wirkt. Wenn wir etwa in Situationen, die normalerweise Angst in uns auslösen, wie zum Beispiel vor einer Prüfung oder dem Start des Flugzeugs, tief und bewusst ein- und ausatmen, können wir solche kritischen Situationen leichter bewältigen. Gelingt es uns, dass wir uns voll und ganz auf den Atem konzentrieren, können wir die Aufmerksamkeit aus dem Kopf – wo die Gedanken der Angst entstehen – wegleiten und stattdessen auf den Brustraum, den Bauchraum oder andere Regionen des Körpers, wie beispielsweise die Füße, lenken, die uns Sicherheit verleihen.

Von einer solchen Erfahrung hat mir auch Stefan Keller in einem Austausch über die Angst berichtet: »Es war beim Klettern, aber in der Halle. Eigentlich war die Route lächerlich leicht, aber etwas hat mich irritiert und mir Angst gemacht. Sofort war die Kraft – körperlich und geistig – weg und der gesamte Organismus schwirrte. Besonders oben im Kopf. Da die Füße am weitesten vom Kopf entfernt sind und zudem allein dem Körper Halt geben, habe ich dort gesucht und einen angstfreien Ort gefunden. Für mich waren meine Füße in der oben genannten Situation der Ort der Kraft und Ruhe, von dem ich wieder Mut bezogen habe. Dorthin gekommen bin ich durch Atmen und Lenken meiner Gedanken.« Durch eine solche Umlenkung der Aufmerksamkeit gelingt es uns also, immer mehr in den Körper zu kommen und uns nicht ganz und gar von unseren Gedanken bestimmen zu lassen.

Für mich gewann die Arbeit mit dem Atem durch meine Angsterkrankung eine ganz neue Bedeutung. Früher hatte ich den Atem genutzt, um mich in Atemsessions aus dem Körper hinaus und in den Kosmos hinein zu beamen. Das hatte mir zwar zahlreiche Glücksmomente beschert, weil ich mich mit allem verbunden fühlte. Aber es hatte mir nicht dabei geholfen, Himmel und Erde miteinander zu verbinden. Heute ist der achtsame Umgang mit dem Atem eine für mich sehr bewährte Möglichkeit geworden, mich wieder ins Hier und Jetzt zu holen, dorthin, wo die Angst keinen Platz hat. Natürlich ändert sich dies von Moment zu Moment und von Tag zu Tag. Mal braucht es nur wenige Atemzüge, bis ich in mir vollkommene Ruhe und eine Distanz zur Angst hergestellt habe. Ein anderes Mal muss ich eine ganze Meditation dafür aufwenden.

Übung: Angst verwandeln

Wenn die Angst Sie überkommt, wo und wann auch immer, können Sie sie mit dieser Übung umwandeln: Legen Sie sich auf den Rücken oder setzen Sie sich aufrecht hin. Stellen Sie sich vor, dass Sie Angst in Ihr Herz einatmen und Mitgefühl, Achtsamkeit, Liebe, Hingabe oder Weisheit ausatmen. Wählen Sie sich die Eigenschaft, die für Sie gerade am wichtigsten ist. Indem Sie die Angst einatmen, nehmen Sie sie zu sich, können sie aber durch den Akt der Annahme gleichzeitig auch transformieren. Machen Sie die Übung so lange, bis Sie das Gefühl haben, wieder entspannter zu sein.

Die bewusste, achtsame und konzentrierte Beschäftigung mit dem Atem ist eine der ältesten Formen der Meditation. Mir half sie, meinen Geist zu zähmen. Ohne den Atem als Anker fühlte ich mich so, als würde ich in einem Boot ohne Ruder dahintreiben. Zur Entwicklung der Konzentration brauchte ich eine regelmäßige Atempraxis und verpflichtete mich daher innerlich, Tag für Tag mit dem Atem zu arbeiten, was immer auch geschehen möge. Dies war nicht leicht. In manchen Nächten wurde die durch das anhaltende nächtliche visuelle Phänomen ausgelöste Angst so stark, dass ich mich fühlte, als wäre mein ruderloses Boot auf hoher See in einen Sturm geraten. Mich in solchen Momenten an den Atem zu erinnern, war anfangs nicht leicht. Es war stets aufs Neue harte Arbeit. Aber auch hier merkte ich irgendwann, dass eine tief gehende Veränderung in mir stattfand und die Anstrengung nachließ.

Die Konzentration auf den Atem führte zu der Klarheit, zu der Kraft des Geistes, die es brauchte, um meine Ängste zu besiegen. Immer und immer wieder musste ich meinen Geist durch meinen Atem zurückholen. Mit zunehmender Praxis entwickelte sich ein Gefühl, als wäre es mir plötzlich gelungen, das kleine Boot bei Wellengang zu steuern. Ich hielt meine bewusste Atmung aufrecht, entspannte mich und gab mich in den Augenblick hinein, zutiefst verbunden mit dem, was gerade war. Dies ist ein Prozess, der lange dauert und Geduld verlangt. Ich musste ihn jeden Tag aufs Neue kultivieren, weil es mich zwischendurch auch anstrengte, langweilte, frustrierte, mich tausendmal oder zehntausendmal mit meiner Atmung in die Gegenwart zurückzuholen. Viel zu sehr ist die Natur unseres Geistes auf Zerstreuung angelegt. Da der Atem zu den autonomen Prozessen im Körper zählt, vergaß ich ihn auch immer wieder. Durch folgende Übung machte ich mir daher den Atem besonders bewusst:

Übung:
Im Atem loslassen

Atmen Sie ein und zählen Sie innerlich bis vier. Atmen Sie aus und zählen Sie innerlich bis sechs, oder noch besser, bis acht. Halten Sie dann einen Moment inne, bevor Sie wieder einatmen. Stellen Sie sich vor, dass Sie Ihre Angst mit jedem Ausatmen loslassen. Machen Sie die Übung so lange, bis Sie sich entspannter fühlen. Sie können diese Übung überall praktizieren.

Es waren Momente großer Freude, zu erkennen, dass die tiefe, bewusste und richtige Atmung eine enorm positive und heilende Wirkung auf meinen Körper hatte. Die Nervosität ließ nach, mein Schlaf wurde wieder tiefer und die Konzentrationsfähigkeit nahm wieder zu. Manchmal waren es nur ein paar tiefe Seufzer, die mir halfen, dass sich ein angstvoller Gedanke wieder genauso schnell auflöste, wie er entstanden war. Mit der Zeit entwickelte ich eine Wahrnehmung dafür, dass äußere Reize oder innere Bilder und damit einhergehend die Angst umso schneller verblassten, je intensiver ich mich in diesen Situationen auf die Atmung konzentrierte. Je bewusster ich in solchen Momenten atmete, desto schneller konnte ich den Geist von seinen angstvollen Gedanken entleeren. Das Gefühl, der Angst nicht mehr ausgeliefert zu sein, stellte sich nach und nach ein und machte mir Mut, dranzubleiben. Wohl wissend, dass es noch Abertausende weiterer bewusster Atemzüge brauchte!

Dies ist natürlich keine leichte Übung. Die Angst kann außerordentlich kraftvoll sein. Aber wenn wir dahin kommen, dass wir bewusst wahrnehmen, wie sich ein Gedanke oder ein Gefühl zwischen uns und den nächsten Atemzug drängt – mal ganz subtil, mal wie ein Donnerschlag –, dann haben wir schon viel gewonnen. Die Kunst besteht darin zu lernen, Gedanken, Gefühle und die daraus folgenden Ängste wahrzunehmen, ihnen jedoch geistig nicht mehr zu folgen, sondern immer wieder zum Atem zurückzukehren. Von Moment zu Moment. Von Atemzug zu Atemzug. Auch dann, wenn wir die akute Angsterkrankung hinter uns gelassen haben und uns wieder gesund fühlen.

MITGEFÜHL ENTWICKELN

*Es ist nicht das Vollkommene,
sondern das Unvollkommene,
das unserer Liebe bedarf.* OSCAR WILDE

Bei den Yogalehrer-Ausbildungen, bei denen ich seit vielen Jahren das Fach Philosophie unterrichte, erzähle ich den zukünftigen Yogalehrern unter anderem von der Bhagavadgita, einer der wichtigsten yogischen Schriften. Sie handelt von einem Erbfolgestreit, der auf einem Kriegsschauplatz ausgetragen wird. Der Krieger Arjuna befindet sich in einem persönlichen Konflikt: Um sein rechtmäßiges Erbe zu verteidigen, muss er gegen Freunde, Verwandte und seine Lehrer kämpfen. Er hat Angst und möchte am liebsten fliehen. Krishna, sein Wagenlenker, kann ihn aber dazu bewegen, zu bleiben. Krishna, eine Inkarnation des Gottes Vishnus, als die er sich erst im Verlauf der

Geschichte zu erkennen gibt, befreit Arjuna durch religiös-philosophische Unterweisungen aus seinem Zwiespalt und bewegt ihn zur Erfüllung seiner karmischen Pflicht, zum Kampf.

Die Bhagavadgita ist von einer hohen Symbolik. Der Kriegsschauplatz steht unter anderem auch sinnbildlich für die Kämpfe, die sich tagtäglich in jedem von uns abspielen. Es ist der Kampf zwischen Gut und Böse, zwischen Gier und Verzicht, zwischen Ablehnung und Anziehung, zwischen Angst und Mut. Es ist der Widerspruch zwischen dem Wunsch nach äußerer Anerkennung und materiellem Reichtum einerseits und der Suche nach dem Göttlichen in uns andererseits. Bei all diesen inneren Schlachten kämpfen wir mit unserem Zorn, unserer Trägheit, unserem ständigen Verlangen, unseren phlegmatischen Tendenzen, unserer Gier, unserem Ego sowie unserer subjektiven Sichtweise auf uns, auf die Spiritualität und auf das Leben.

Im Zusammenhang mit der Bhagavadgita frage ich die zukünftigen Yogalehrer, von denen die wenigsten zu Beginn der Ausbildung mit der yogischen Philosophie vertraut sind, wo ihre eigenen, innersten Schlachten stattfinden. In dem geschützten Raum des Yogainstituts sprechen wir dann über unsere innersten Kämpfe und die vielen verlorenen Schlachten gegen die eigenen Selbstzweifel oder die Angst, gegen die ewigen inneren Anfeindungen gegen uns selbst. Im Verlauf der Jahre habe ich immer wieder erlebt, dass die Teilnehmer sich bei diesen Gesprächen sehr öffnen. Viele von ihnen sind es nicht gewohnt, dass ihnen ein geschützter Raum geboten wird, in dem sie sie selbst sein dürfen, mit all ihren Ängsten, Sorgen, Selbstzweifeln, ihrer Gier, ihrer Trägheit, ihrer Unzufriedenheit und ihrer Ohnmacht dem Leben mit all seinen mannigfaltigen Anforderungen gegenüber. Viele sind erstaunt, dass innere Kriege – und die große Angst, diese Kriege zu verlieren – auch in der Spiritualität eine große Rolle spielen.

Im weiteren Verlauf der Yogalehrer-Ausbildung lernen sie dann Achtsamkeit, Geduld, Respekt und Mitgefühl als wertvolle Hilfen zu schätzen, um mit sich selbst, den eigenen Partnern, Liebhabern, Kindern, Patienten, Arbeitskollegen und Vorgesetzten gut umzugehen und die eigenen Kriege zu beenden. Mir ist es wichtig, den zukünftigen Yogalehrern diese zutiefst menschliche Seite zu vermitteln. Oft werden diese inneren Kriege von spirituellen Lehrern genauso unter den Teppich gekehrt wie die eigenen Ängste vor Verlust, Krankheit und Armut. Stattdessen tun sie so, als hätten sie das Schlachtfeld längst verlassen und wären bereits zu Heiligen mutiert. Aber ein paar kritische Fragen in Interviews zeigen mir dann oft, dass auch sie noch auf dem Kriegsschauplatz stehen und nach wie vor involviert sind in ihre ureigenen, inneren Kämpfe. Und das, obwohl sie sich vielleicht schon seit vielen Jahren auf dem spirituellen Weg befinden. Hier wäre viel mehr Mitgefühl für die eigenen Kämpfe vonnöten, als die meisten bereit sind zu geben.

Auch im Buddhismus ist eine achtsame Entwicklung des Mitgefühls eines der zentralen Anliegen. Hier heißt es, dass der unerwachte Geist gegen die Dinge kämpft, wie sie sind. Diese Aussage spiegelt sich in den Vier Edlen Wahrheiten wider. Es fällt uns einfach schwer, schwierige Situationen, die das Leben mit sich bringt, anzunehmen, weil sie uns so unendlich viel Angst machen. Solange wir nicht akzeptieren können, dass alles vergänglich ist, bekämpfen wir das Leben. Unser Krieg gegen das Leben spiegelt sich in allem wider, das wir im Innen und Außen erfahren. Wir führen Krieg gegen unsere Eltern und Kinder, gegen unsere Arbeitgeber und Kollegen, gegen unsere Nachbarn, gegen den schnarchenden Bettnachbarn, mit dem wir bei einem Retreat ein Zimmer teilen müssen. Aber wir kämpfen auch gegen andere spirituelle Traditionen, andere Rassen und andere Nationen. Und gegen uns selbst.

Der buddhistische Lehrer Ajahn Chah beschreibt diesen ständigen Kampf als einen Krieg gegen die Tatsache, dass wir begrenzte Wesen sind, die eingeschränkt sind durch Umstände, die wir nicht unter Kontrolle haben. Anstatt ihnen zu entkommen, erzeugen wir seiner Ansicht nach immer wieder Leiden und führen somit unentwegt Krieg gegen das Gute, das Böse, gegen das, was zu klein ist, und gegen das, was zu groß ist, gegen das, was richtig oder falsch ist, und kämpfen so tapfer und besinnungslos immer weiter.[33]

Sowohl als Individuum wie auch als Gesellschaft bringen wir viel Energie auf, um gegen die grundlegenden Gegebenheiten des Lebens zu kämpfen und sie dadurch zu vermeiden. Wir leugnen den Tod, indem wir die Sterbenden hinter Kliniktüren verschließen. Wir leugnen das Altern, indem wir in einer Anti-Aging-Gesellschaft leben. Wir leugnen die Grenzen unserer eigenen körperlichen und psychischen Belastbarkeit und versuchen, Schritt zu halten in einer Gesellschaft, die immer schnelllebiger wird. Wir fühlen uns dazu gezwungen, Anteile in uns selbst zu leugnen, in einer Gesellschaft, die von uns erwartet, dass wir mehrere Dinge gleichzeitig erledigen und gut funktionieren. »Es existiert eine Angst, die leidvolle Gedanken verursacht und durch die quälende Frage hervorgerufen wird: Genügt das, was ich tue? Bereits in den Schulen werden die Kinder auf Leistung, Konkurrenz und Vergleich trainiert. Universitäten werden in diesen Tagen zu Eliteinstituten hochgepusht, um sich mit Harvard messen zu können. Wir übernehmen die Engpässe, die in Amerika längst negative Beispiele darstellen, und machen sie uns zum Vorbild. Das ist kein gesunder Lebensstil«, erklärte mir der Kirchenkritiker und Psychoanalytiker Eugen Drewermann in einem Interview. Gleichzeitig forderte er aber auch zur Selbstverantwortung auf: »Es ist traurig, dass Menschen so etwas mit sich machen lassen. Wenn man 20 solche Illustrierten beliebig durchblättert, findet man unzählige Empfehlungen, die von Schönheitsoperationen über Fitness bis hin zu Diäten reichen. Das Fotomodell Margaux Hemingway, die Enkelin von Ernest Hemingway, hat schon vor vielen Jahren, als sie am Rande ihres körperlichen und seelischen Ruins stand, gesagt: »Der Wahn der Amerikaner macht Millionen Frauen unglücklich und krank.« Ihre Aussage bringt es exakt auf den Punkt. Wie krank muss man sein, um so etwas mit sich machen zu lassen?«[34]

Der Kampf gegen mich selbst

Aber auch ich kämpfte gegen mich selbst, und im Zuge meiner Erkrankung gewann die Vermittlung des symbolischen Werts der Bhagavadgita an meine Schüler für mich noch einmal eine ganz neue Bedeutung. Durch die vielen Nächte, in denen ich nicht schlafen konnte, und die vielen Stunden, die ich mir auch tagsüber nahm, um über mein Leben nachzudenken, erkannte ich, dass es niemand im Außen war, der gegen mich Krieg führte, sondern dass es seit jeher meine eigenen unerlösten angsterfüllten Anteile gewesen waren, die den Kampf führten und zwar gegen mich selbst. Das Schlachtfeld hatte ich bereits ziemlich früh betreten, nämlich als ich anfing, mich gegen die Verletzung zu wehren, die ich als Contergan-Kind erfuhr. Als junger Mensch kämpfte ich gegen jegliche Autorität: gegen meine Eltern, die mich anders haben wollten, als ich war. Gegen die Schule, weil sie mir als Vorbereitung auf das Leben untauglich erschien. Gegen die Gesellschaft, weil sie mir spießig vorkam. Gegen spirituelle Gruppierungen, weil sie mir zu devot ihrem jeweiligen Führer gegenüber erschienen. All die Jahre bemerkte ich nicht, dass es dieser verletzte Anteil in mir war, der gegen mich selbst kämpfte, aus unbewusster Angst vor Ablehnung, Angst, zu versagen oder Angst, nicht zu genügen.

Achtsamkeit, Geduld und Mitgefühl und eine regelmäßige spirituelle Praxis waren und sind mir eine wertvolle Hilfe dabei, mit diesem Krieg aufzuhören. Achtsam stelle ich mir dann immer die Frage: Was sind gerade deine persönlichen inneren Kampfschauplätze? Warum kämpfe ich wieder gegen mich selbst? Was brauche ich von mir selbst, um diesen inneren Krieg beenden zu können? Seit damals trage ich diese Fragen in meinem Herzen. Früher oder später fand ich in der Meditation und der Praxis der Achtsamkeit heilvolle Antworten darauf.

Aber nicht nur ich hatte mit mir gekämpft. Auch Matthias Ennenbach weiß um diese Erfahrung: »Früher war ich eher ein Kämpfer, ein wütender Mensch. Durch die Meditation habe ich erfahren, dass ich das nicht bin! Das Verhalten einer Person und die Person selbst sind nicht dasselbe. Wenn ich heute Menschen sehe, die sich mir gegenüber ähnlich verhalten, weiß ich, dass es ein Verhalten ist, aber nicht die Essenz dieses Menschen.« Weiter berichtet er ehrlich über seine persönliche Entwicklung: »Ich habe lange mit mir gekämpft, obwohl ich selbst Psychotherapeut bin. Zum Beispiel habe ich oft gedacht: »Wieso kann der das nicht anders machen? Ich habe immer gedacht, im Recht zu sein. Mit diesem Spannungsgefühl bin ich lange unterwegs gewesen. Durch die Meditation habe ich gelernt, dass das nur Gedanken sind, aber es ist nicht meine Substanz, nicht mein Wesen.«[35]

Besonders hilfreich war es mir in solchen Zeiten auch, bereits den inneren Waffenstillstand als Fortschritt zu betrachten. Oft neigte ich dazu, nur meine Ziele vor Augen zu haben. Und die waren oft sehr idealistisch, nämlich dass das Flimmern schlagartig weg sein sollte und ich, einem Buddha gleich, vollkommen in mir ruhte. In solchen Momenten vergaß ich aber oft die vielen Bemühungen und die vielen kleinen Fortschritte, die ich bereits auf meinem Weg der persönlichen Heilung zurückgelegt hatte. Ich betrachtete dann, wie ich noch vor zehn Jahren oder manchmal nur vor zwei Jahren auf bestimmte Situationen reagiert hatte. Und betrachtete dann, wo ich im Vergleich dazu mittlerweile stand. Dann gab es eigentlich immer einen Grund, mich dafür zu belohnen. Mein Hausarzt zitierte eines Tages, als ich wieder einmal besonders ungeduldig mit mir war und das Gefühl hatte, überhaupt nicht voranzukommen, folgende chinesische Weisheit: »Ein Baum, der umfällt, macht mehr Lärm als ein Wald, der wächst. Ich würde für Sie so gerne das Wachsen des Waldes hörbar machen!«

Die verschiedenen Übungen lehrten mich, eine neue, kampflose Art der Beziehung zu mir selbst und zum Leben zu erlernen. Dadurch lernte ich, mich endlich zu entspannen. Ich lernte, nicht mehr wegzulaufen, weil ich das Leben nicht mehr ständig anders haben wollte, als es war. Ich lernte, keinen Überaktionismus mehr zu betreiben, um das Leben zu kontrollieren, sondern stattdessen die Wunder des gegenwärtigen Moments zu erforschen. Ich erkannte, wie sehr ich mich gegen die vielen kostbaren Erfahrungen gewehrt hatte, die einem das Leben schenkt, nur aus Angst vor bestimmten Situationen oder Menschen. Endlich konnte ich mein verletztes Herz für mich selbst öffnen. Es war ein Gefühl, als würde ich nach Hause kommen. Mich für die Gegenwart zu öffnen, das Leben achtsam zu erfahren, es zu fühlen, zu schmecken, zu riechen und zu hören, verlangte aber auch den Mut von mir, mich dem zu stellen, was ich bislang zu umgehen versucht hatte: meinen Ängsten und den dahinterliegenden Gefühlen und meinem unverarbeiteten Trauma durch meine Contergan-Erkrankung.

Ähnlich wie bei der Kultivierung der Achtsamkeit und der Geduld reicht es jedoch nicht aus, den Krieg einmal zu beenden. Ich musste es immer und immer wieder tun. Auch wenn ich mich noch so sehr bemühte, der Angst und dem Leben mit all seinen Herausforderungen mutig zu begegnen, so erlebte und erlebe ich immer wieder Phasen, in denen ich nicht ganz so mutig bin, wieder ungeduldig oder unachtsam werde. Gerade in solchen Momenten besteht die Gefahr, dass ich den Krieg gegen mich selbst wieder aufnehme und mich dafür verurteile, dass ich nicht ganz so regelmäßig meditiere, wie ich es mir vorgenommen habe, zu viel Wein trinke, wieder im Fernsehprogramm herumzappe, mich im Internet verliere, wieder unachtsam geworden bin oder wieder Angst vor der Zukunft entwickle. Ich werde also immer und immer wieder das vertraute Ziehen und Zerren der Gedanken, Gefühle und Reaktionsmuster erleben, die dazu führen, dass ich Gefahr laufe, gegen mich selbst zu kämpfen.

Zulassen, was ist

Als ich zuließ, dass ich die Ängste, denen ich immer ausgewichen war, wirklich fühlen konnte, und mich nicht mehr dafür verurteilte, nahm das Mitgefühl für mich selbst zu, und mein Herz wurde weicher und größer. Mitgefühl für mich selbst ist eine der wichtigsten Tugenden überhaupt. Jahrelang war es mir möglich gewesen, die buddhistische Meditation des Mitgefühls für alle Wesen auf dieser Welt, inklusive jenen, die mich zutiefst verletzt hatten, zu empfinden und auszusprechen. Aber als es darum ging, Mitgefühl für mich selbst zu entwickeln, war ich sprachlos. Ähnliche Verhaltensweisen stellte ich bei in der Öffentlichkeit bekannten Yogalehrern, Gurus und spirituellen Meistern fest. Sie liebten Krishna, den Buddha, Gott und ihre Schüler über alles. Aber sich selbst kasteiten sie ohne Ende, aus Angst, Krishna, dem Buddha, Gott oder ihren Schülern nicht mehr zu genügen.

Zu Beginn war es nicht immer leicht für mich, das Mitgefühl für mich aus mir selbst heraus zu entwickeln. An solchen Tagen hörte ich mir Belehrungen von Jack Kornfield, Pema Chödrön oder anderen spirituellen Lehrern an. Während ich den CDs lauschte, konnte ich mich dann meist einschwingen in ihr Feld der Liebe und des Mitgefühls, das über den Lautsprecher in mein Herz drang. Sie waren es, die mein Herz öffneten.

Im Laufe der Zeit merkte ich, dass ich durch das wachsende Mitgefühl für mich selbst einen immens positiven Einfluss auf meine eigenen Gefühle und Gedanken hatte. Es war verblüffend, dass ich selbst, allein durch die Kraft meiner Aufmerksamkeit, meiner Geduld und meines Mitgefühls, in der Lage war, meinen inneren Zustand zu verändern. Langsam, aber stetig war es mir dadurch möglich, meine eigenen Ängste durch Mitgefühl für mich selbst zu schmelzen. Je länger ich praktizierte, desto stärker fühlte ich mich und konnte einige der vergangenen schmerzlichen Erfahrungen loslassen. Ich konnte Ängste überwinden und fühlte mich dadurch friedvoller. Dazu brauchte es nichts weiter als Übung und meine Bereitschaft, mich von Rückfällen nicht entmutigen zu lassen. So wie der Meditationslehrer und Neurologe Rick Hanson es sagt: »Solange wir uns wahrhaftig ändern wollen und diesem Wunsch gemäß in kleinen, aber regelmäßigen kontinuierlichen Schritten vorgehen, wird sich die innere Welt mit der Zeit zum Besseren wandeln. Durchhaltevermögen und Geduld tragen Stück für Stück den Berg ab, mit dem wir leben.«[36] Ich erlebte, dass ich mit der Zeit selbst die schlimmsten Ängste durch Mitgefühl für mich selbst aufarbeiten konnte. Durch Mitgefühl wurden sie zum Licht und zu jener Reife, die in mir wächst.

GEDULD KULTIVIEREN

Was wir brauchen, ist ein Becher Verstehen,
hunderttausend Liter Liebe und ein Ozean Geduld.
Hl. Franz von Sales

»Geduld heißt, dass Sie die Fähigkeit besitzen, ruhig und unerschütterlich zu bleiben, wie die Umstände sich auch immer entwickeln mögen.« Diesen Ratschlag hörte ich vom Dalai Lama. Von ihm lernte ich genauso wie vom Buddha einen entspannteren, realistischeren und geduldigeren Umgang mit meiner Situation. Ungeduld wird im Buddhismus als ein Geistesgift bezeichnet, das dazu führt, dass wir leiden. Und wie ich in den ersten Wochen meiner Angsterkrankung litt, weil ich nervlich so übererregt war, dass ich das Wort »Geduld« nicht einmal hätte buchstabieren können! Und wie ich litt, weil ich nicht in dem Tempo gesund wurde, wie ich es mir gewünscht hätte! Dass meine Geduld das Ziel und der Weg aus der Angst zugleich war, lernte ich viel langsamer, als mir lieb war. Sie aber war es, die mich im Laufe der Zeit vor mir selbst schützte, besonders in den Momenten, in denen ich wütend auf mich selbst wurde, weil ich das Gefühl hatte, nicht schnell genug voranzukommen.

»Wenn Sie Zuflucht zur Geduld nehmen«, so der Dalai Lama, »kann nichts und niemand Ihren Frieden stören.« Ungeduld ist immer ein Versuch, die gegenwärtigen Umstände im Besonderen und das Leben im Allgemeinen kontrollieren zu wollen, anstatt mit dem zu gehen, was gerade ist. »Ungeduld stiehlt uns unserem Leben«, sagt die Meditationslehrerin Martine Batchelor und gibt ihren

Schülern den Ratschlag, sich in den gegenwärtigen Augenblick fallen zu lassen. In das Atmen, Lauschen und Fühlen von Empfindungen, sobald die Ungeduld auftaucht!

Für mich klangen solche Empfehlungen an manchen Tagen wie Hohn in meinen Ohren. Besonders dann, wenn sich meine ganze Wahrnehmung nur noch auf mein Augenflimmern beschränkte und meine Angst dadurch wieder so groß war, dass ich das Gefühl hatte, mich sowieso schon in einem bodenlosen Raum zu befinden. In solchen Momenten hatte ich nur den Wunsch, irgendwie und irgendwo Halt zu bekommen, statt mich fallen zu lassen. Wie sollte ich in solchen Momenten atmen, lauschen und fühlen, in denen ich angespannt war und mein ganzer Körper unter Strom stand? Wie sollte ich in eben diesen Momenten Geduld entwickeln, in denen ich das Gefühl hatte, durch diese geballte Ladung Strom innerlich zu explodieren?

An solchen Tagen versuchte ich mich zur Geduld zu zwingen, fühlte ich mich dabei aber eher wie jener Mönch, der dem Weizen beim Wachsen helfen wollte. Eines Abends kam er zu spät zum Essen und der Abt des Klosters fragte ihn, wo er gewesen sei. Der Mönch antwortete: »Ich habe dem Weizen beim Wachsen geholfen.« Als die Gemeinschaft mit dem Essen, fertig war, wollte der Abt sich anschauen, was der Mönch vollbracht hatte. Als sie am Feld ankamen, war der ganze Weizen verdorrt. Wie war das möglich? Der Mönch war achtsam durch alle Reihen gegangen und hatte an jedem einzelnen Weizenhalm gezogen, um ihm beim Wachsen zu helfen.

So wie der Mönch ungeduldig an den Halmen gezogen hatte, hatte auch ich, besonders in den ersten Monaten, immer und immer wieder an meinen Nerven gezogen und gezerrt – und dadurch genau das Gegenteil erreicht: Ich wurde nur noch nervöser, noch angespannter, noch verzweifelter, noch ungeduldiger. Passte ich speziell an angstbesetzten Tagen nicht auf, goss ich – statt tief durchzuatmen und ins Hier und Jetzt zu entspannen – durch meine eigene Ungeduld noch mehr Öl ins Feuer, das heißt, meine übererregten Nerven erhitzten sich immer weiter. Dann machte ich mir große Vorwürfe, nicht genug zu entspannen, verurteilte mich dafür, nicht schnell genug voranzukommen, und ärgerte mich darüber, dass die Heilung nicht in dem Maße voranschritt, wie ich es mir wünschte.

Wenn ich wütend wurde, weil ich zu unachtsam wurde, meine Gedanken wieder wie ein wild gewordenes Pferd angstvoll mit mir durchpreschten oder ich durch den Tag hetzte, rief ich aus lauter Verzweiflung: »Lieber Gott, schenke mir Geduld. Aber SOFORT!« und ließ meine geballte Faust dabei auf den Tisch schnellen. Das funktionierte so natürlich nicht! Nachdem ich nach mehreren solchen Niederlagen endlich bereit war, die Geduld als meinen Lehrer anzunehmen, und mir durch die Praxis der Achtsamkeit, der Meditation und der Arbeit mit der Atmung mehr Raum und Zeit für den eigenen Heilungsprozess gab, sagte ich mir in besonders ungeduldigen Momenten: »Immer schön locker bleiben«, um im Geist wieder zu entspannen und die Ungeduld so aus meinem Geist zu vertreiben. Mit dieser Haltung fiel es mir wesentlich leichter, mich in Geduld zu üben.

Dann gab mir der Dalai Lama noch eine entscheidende Hilfe an die Hand. Er lehrte mich, dass zwei einander entgegengesetzte Zustände wie Angst und Mitgefühl nicht zur gleichen Zeit in unserem Geist existieren können. Wenn ich mich also bemühen würde, eine wohlwollende Geisteshaltung zu entwickeln, würde es mir gelingen, die Angst aus meinem Geist zu vertreiben.[37] Diese Aussage inspirierte mich dahingehend, meinen Geist noch genauer zu beobachten, wann immer er ungeduldig und zornig wurde, weil ihm etwas nicht schnell genug ging. In solchen Momenten versuchte ich dann gezielt, ihm Weisheiten über die Geduld entgegenzusetzen oder Mitgefühl und Achtsamkeit zu entwickeln. Es funktionierte hervorragend! Ich merkte, dass ich hier ganz gezielt positive, wohlwollende und zuversichtliche Gedanken einsetzen konnte, um die Ungeduld aus meinem Geist zu vertreiben und der Geduld Einzug zu gewähren. Die Geduld konnte sich nun allmählich in mir entfalten. Aber natürlich brauchte und braucht auch das immer wieder viel Energie und ungeteilte Achtsamkeit.

Durch die Entwicklung und Kultivierung der Geduld veränderte sich langsam etwas Grundlegendes in mir. Zuerst hatte ich gegen meine Erkrankung angekämpft. Anstatt mir Zeit zu geben, hatte ich mich anfangs innerlich immer wieder aufgebäumt und versucht, über den Verstand eine schnellstmögliche Heilung herbeizuführen. Dass ich dadurch den Gesundungsprozess boykottierte und mich selbst noch mehr unter Druck setzte, realisierte ich erst nach und nach. Als mir bewusst wurde, wie ich mich verhielt und was das Resultat meiner Handlung war, gab ich den Kampf auf und begann stattdessen, darauf zu vertrauen, getragen zu sein von dem Wissen, dass alles zur rechten Zeit passiert und alles am Ende gut wird. Dadurch stellte sich ganz nebenbei ein Gefühl von Geduld ein. Ich merkte, dass mein Heilungsprozess erst in dem

Moment einsetzen konnte, als ich das Kranksein als Teil meines gegenwärtigen Lebens annahm. Eine solche umfassende Sichtweise erforderte, was mich betraf, ein vollkommen neues Verständnis und einen vollkommen neuen Umgang mit mir und meinen Ängsten.

Die Geduld war es auch, die mir dabei half, die Meditation zu vertiefen, mehr Freude am stillen Sitzen zu erlangen, mehr ins Leben zu entspannen und inneren Frieden zu finden. Auch dies war ein Prozess, der spiralförmig verlief. An manchen Tagen brannte die Ungeduld auf dem Meditationskissen wie aus heiterem Himmel wieder mit mir durch. Dies passierte immer dann, wenn ich merkte, dass ich wieder und wieder an angstvollen Gedanken klebte, und es mir nicht gelang, Distanz zu ihnen zu bekommen. In solchen Momenten stieg Zorn in mir auf, und mein Geist preschte wieder unruhig durch mein inneres Universum. Dann wiederholte ich bewusst die Worte der spirituellen Lehrerin Annette Kaiser, die sie mir im Laufe der Jahre eindringlich vorgesprochen hatte: »Was ist der Unterschied zwischen einem Menschen und einem Heiligen? Ein Heiliger steht immer wieder auf, egal ob er schon tausend- oder zehntausendmal hingefallen ist.« Diese Aussage verhalf mir stets aufs Neue zu mehr Geduld. Sie war notwendig – denn um eine tief greifende und langfristige Veränderung zu erzielen, musste ich lernen, auch Rückschläge in Kauf zu nehmen. Und davon gab es mehr, als mir lieb war. Nicht immer war ich in der Lage, geduldig meine ängstlichen Körperempfindungen, Gefühle und Gedanken mit Distanz und heiterer Gelassenheit zu betrachten. Allzu gerne verlor ich mich in Horrorszenarien einer möglicherweise unerforschten Augenerkrankung und fand manchmal erst Minuten, manchmal erst Stunden und bisweilen erst Tage später wieder heraus. Diese Zeiten waren für mich besonders qualvoll. Alles erschien mir plötzlich sinnlos, weil sich mein Blick erneut so verengt hatte, dass ich nur noch die Angst wahrnahm.

Mit Geduld Gewohnheiten erkennen

Sinnvoll erschien mir meine Erkrankung erst viel später. Erst nach Monaten, als ich auf dem Weg der Genesung schon einen ganzen Schritt weiter war. Sinnvoll war sie deshalb, weil sie scheinbar Opfer von mir verlangte. Scheinbar deshalb, weil es mir nur am Anfang so vorkam, als müsste ich Opfer bringen, um langfristig einen tief greifenden Wandel zu erzielen und einen erfolgreichen Weg aus der Angst zu finden.

Eines dieser vermeintlichen Opfer hatte mit meiner Liebe zur Musik zu tun. Wenn ich mit dem Auto irgendwohin fuhr, schaltete ich als Erstes automatisch das Radio oder den CD-Player an. Dabei merkte ich aber oftmals gar nicht, dass meine Aufnahmefähigkeit für diesen Tag schon erschöpft war. Im Verlaufe der Gesundung machte ich viele Fahrten ohne Musik. Das war für mich ein großes Opfer, zumal ich erst vor Kurzem einen erstklassigen amerikanischen Internetradio-Sender entdeckt hatte, der 24 Stunden am Stück fantastische Musik spielt. Und ich bestimmt 90% der Stücke nicht kannte. Aber dadurch, dass ich das Radio im Auto ausgeschaltet ließ, konnte ich ein wenig entspannen und empfing nicht wieder neue Reize. Selbst wenn mir die Musik im ersten Moment noch so entspannend vorkam. Hier und in der Veränderung anderer Gewohnheiten kam wieder die Geduld ins Spiel. Erst sie machte es mir möglich, mich aus dem Klammergriff alter Gewohnheiten zu befreien, mich für Neues zu öffnen und dies in mein Leben zu integrieren.

Welche aber sind die unheilvollen Gewohnheiten, die dazu führen, dass wir aus Angst handeln statt aus Vertrauen oder aus Gelassenheit? Welche Muster schaden uns und welche nicht? Welche schüren die Ängste und welche reduzieren sie? Achtsamkeit und Meditation sind sehr konstruktive Mittel, um unsere unheilvollen Gewohnheiten zu erkennen und zu verändern. Deshalb ist die Geduld gepaart mit Achtsamkeit so wichtig. Geistige Gewohnheiten haben die Tendenz, sich immer und immer zu wiederholen. Aber je mehr ich den Blick hinter die Angst wagte, desto einsichtiger wurde ich, dass ich alle Verhaltensmuster hinterfragen und einige ablegen oder ändern musste. Die Bereitschaft dazu war die Voraussetzung dafür. Sie geht mit der Geduld Hand in Hand.

Es dauerte lange, bis ich erkannte, wie unbewusst und schädlich gleichermaßen einige Verhaltensmuster waren und wie sehr sie meine Ängste beeinflussten. Zum Beispiel bin ich seit jeher gerne unterwegs gewesen. Ich reise auch noch heute viel und genieße immer wieder die Vielzahl der Eindrücke, die ich in fremden Städten und Ländern wie ein nasser Schwamm über meine Sinne aufsauge. Zu viele Reize sind aber Gift für mein empfindliches Nervensystem, und so musste ich mit der Zeit lernen, auf meinen Erkundungstouren Pausen einzulegen, zum Beispiel zwischendurch ins Hotel zurückzugehen oder mir einen lauschigen Platz in einem botanischen Garten oder Park zu suchen, um mich nicht zu sehr mit Eindrücken zu überfrachten. Das fiel mir natürlich besonders dann schwer, wenn ich nur eine begrenzte Zeit in einer Stadt hatte, die jede Menge Abwechslungen bot. Kreative Lösungen waren jetzt gefragt, um mein Verhalten zu ändern. Statt eine ganze Stadt erkunden zu wollen, beschränkte ich mich von nun an auf einige Sehenswürdigkeiten und baute mehr Pausen ein. Es funktionierte bestens. Die Eindrücke, die ich bei meinen wohldosierten Unternehmungen sammelte, waren oftmals sogar tiefer und nachhaltiger. Meine Unruhe nahm ab. Meine Angst wurde weniger. Es war ein Prozess, der meine ganze Aufmerksamkeit forderte und immer wieder fordert.

Auch heute noch überkommt mich häufig die Ungeduld. Doch im Unterschied zu früher ist sie für mich ein guter Indikator für aufkommende Ängste geworden. Heute kämpfe ich nicht mehr dagegen an, sondern versuche, mir eine kleine Ruhepause zu gönnen. Dann erinnere ich mich an die asiatische Weisheit: »Wenn du es eilig hast, dann mache einen Umweg.« In solchen Situationen lade ich mich inzwischen selbst zum Mittagessen ein und mache davor oder danach einen langen Spaziergang – das ist wie ein kleiner Urlaub. Das kostet mich dann zwar manchmal zwei Stunden oder einen halben Tag, an dem ich nicht arbeite, aber diese Pause gibt mir mehr, als mit Geld bezahlbar ist.

VERGÄNGLICHKEIT ANERKENNEN

Wenn du begreifst, dass sich alles verändert, und du dabei nicht die Fassung verlierst, bist du im Nirwana.

SHUNRYU SUZUKI

Obwohl es zu den natürlichen Dingen des Lebens zählt, dass alles vergänglich ist, leiden wir zumeist darunter. Wir haben Angst, den Anforderungen, die dieser Wandel mit sich bringt, nicht gewachsen zu sein oder einen Verlust zu erleiden. Am härtesten aber ist für den Menschen wohl der Verlust eines geliebten Menschen oder die Konfrontation mit der eigenen Sterblichkeit. Von schönen, potenten und energiegeladenen Menschen werden wir zu faltigen Greisen, die früher oder später sterben. Daher sollten wir uns als Erstes bewusst machen, dass wir endlich sind – und das noch bevor wir uns darum bemühen zu begreifen, worum es im Leben geht. Der tibetische Lehrer Sogyal Rinpoche sagt richtigerweise, dass die Vergänglichkeit für uns gleichbedeutend ist mit Schmerz, und dass wir uns aus diesem Grund verzweifelt an die Dinge klammern, obwohl sie sich ständig ändern. Er betont weiter, dass wir Angst haben, loszulassen, Angst haben, wirklich zu leben, weil »*leben lernen loslassen lernen bedeutet*«.[38]

Die Angst vor dem Tod ist in unserer Gesellschaft so immens groß, dass sie kollektiv verdrängt wird. Dafür sind ganze Wirtschaftszweige am Werk: Anti-Aging und ewige Jugend werden propagiert. Anstatt Menschen in Würde sterben zu lassen, werden sie noch im hohen Alter künstlich am Leben gehalten. Mit aller Gewalt halten wir am Leben fest, statt eine flexible Sicht auf uns und unser Dasein zu entwickeln. Ein 53-jähriger Freund von mir reagierte entsetzt auf meine Frage, wie es für ihn wäre, jetzt sterben zu müssen. »Ich habe doch noch gar nicht richtig gelebt«, war seine Antwort. »Ich habe noch so viel vor! So vieles möchte ich machen, wenn ich mit 60 Jahren in Frührente gehe.« Nach den Worten des Buddha leiden die Menschen, weil sie so sehr am Leben festhalten. Deswegen empfiehlt der Dalai Lama: »Verlieren Sie keine Zeit mit Eifersüchteleien oder Streit. Meditieren Sie über die Vergänglichkeit, damit Ihnen die Kostbarkeit des Lebens wieder bewusst wird.«

Öffnen wir uns für unsere eigene Endlichkeit, kann die Annahme der eigenen Sterblichkeit etwas sehr Heilvolles haben, nämlich, dass wir für die Wunder des Augenblicks aufwachen und unser Leben nicht länger quasi in einem Dämmerschlaf von Gewohnheiten und Automatismen verbringen. Der Buddha legte großen Wert darauf, dass sich seine Schüler der eigenen Sterblichkeit bewusst sind. Er entwickelte zahlreiche Meditationen, in denen die Praktizierenden angehalten werden, sich vorzustellen, wie der eigene Körper verwest. Um die eigene Vergänglichkeit zu wissen, kann uns die Kostbarkeit unseres eigenen Lebens im Spiegel des Todes als ein Geschenk erfahren lassen. »Der Weise verliert die Angst vor dem Tod *vor* dem Tod«, schreibt Andreas Tenzer. Die Annahme der Vergänglichkeit ist eine gute Möglichkeit, Achtsamkeit, Mut und Gelassenheit zu kultivieren, um besser mit der Tatsache umzugehen, dass wir schmerzvollen Situationen im Leben ausgesetzt sind. Ursula Richard, die Chefredakteurin der Zeitschrift *Buddhismus aktuell,* beschreibt es mit folgenden Worten: »Wichtig ist es, die Vergänglichkeit anzunehmen, und zu akzeptieren, dass nicht immer alles gut wird.«[39]

Ich selbst erlebte es als heilsam, mit Hilfe einiger Meditationen und Übungen hinter die Angst vor dem Sterben und vor dem Tod zu schauen, und in dem dabei entstandenen Bewusstsein meiner Endlichkeit nun mein Möglichstes zu tun, um bewusst, achtsam und in innerem Frieden zu leben und dann irgendwann zu sterben. Das heißt zum Beispiel, sich um eine Patientenverfügung zu kümmern und ein Testament zu schreiben. Als ich vor Kurzem ein Seminar zum Thema »Sterben und Tod« hielt, fragte ich die Teilnehmer, was ihre größte Sorge in Bezug auf ihr eigenes Sterben sei. Eine ältere Frau hatte Angst vor lebensverlängernden Maßnahmen. Als ich sie fragte, ob sie bereits eine Patientenverfügung verfasst hätte, verneinte sie die Frage, bedankte sich aber sofort für diesen Hinweis: Manchmal können wir unseren Ängsten durch ganz praktische Handlungen begegnen und sie durch Klärung von Sachverhalten mindern.

In Bezug auf die eigene Vergänglichkeit kann die Angst ein großer Lehrer sein. Sie kann uns zeigen, dass es Beziehungen gibt, die wir bereinigen sollten; Bedürfnisse, die wir uns erfüllen sollten; einen inneren Frieden, den wir herstellen sollten. Allem voran aber signalisiert sie uns, dass wir ein Bewusstsein dafür erlangen sollten, dass jeder Tag unendlich kostbar ist. Und wir diese Kostbarkeit nicht schlummern lassen sollten, sondern mit möglichst großer Achtsamkeit begehen sollten.

Wenn wir die Vergänglichkeit akzeptieren, möglicherweise das Loslassen im Leben üben, wird es uns am Ende leichter fallen, zu gehen. Die Sterbebegleiterin Daniela Tausch drückte es in einem Interview mit mir folgendermaßen aus: »Wir müssen Leben und Sterben erlernen und auch lernen, dass beides ineinander übergeht.

Wir müssen lernen, im Leben zu sterben. Das heißt, wir müssen lernen, immer wieder loszulassen, Abschied zu nehmen, uns immer wieder aufs Wesentliche zu konzentrieren. Beziehen wir den Tod in unser Leben mit ein, gewinnen wir sehr viel. Wir lernen dann, intensiver zu leben und die Kostbarkeit des Lebens zu erkennen. Und andererseits glaube ich, dass, wenn wir das Leben so intensiv leben und uns so intensiv auf das Leben einlassen, wir dann vielleicht auch leichter sterben können. Ich vergleiche manchmal das Leben mit einer großen Speisetafel. Wenn wir nur vier Speisen essen, weil alle anderen diese auch essen, weil sie gesund sind und weil sie uns bekommen, dann werden wir, wenn das Büffet abgeräumt werden soll, wahrscheinlich denken: ›Oh nein, das ist viel zu früh. Diese grüne Speise oder die rote, die hätte ich doch gerne noch probiert.‹ Aber wenn wir viele Speisen probiert haben, wirklich das Leben gewagt haben, uns vielleicht manchmal den Magen verdorben haben, aber auch Köstlichkeiten auf der Zunge geschmeckt haben, dann werden wir vielleicht eher sagen können: ›Ja, es ist o.k. Ich kenne noch nicht alles, aber ich kenne vieles. Ich bin bereit.‹ Tagore sagte es so schön: ›Wenn der Tod an die Tür klopfen wird, was wirst du ihm anbieten? Ich werde den Tod nicht mit leeren Händen gehen lassen, ich werde ihm das volle Gefäß meines Lebens anbieten.‹«[40]

Der Tod von Rumirah

Während meiner Erkrankung machte ich in Bezug auf die Vergänglichkeit noch eine weitere Erfahrung, die zu den wichtigsten in meinem bisherigen Leben zählt. Ich begleitete eine Freundin beim Sterben. Es war ein großer Verlust eines wundervollen Menschen, gleichzeitig aber auch ein großes Geschenk, eine so starke und mutige Frau, die keine Angst vor der Vergänglichkeit hatte, beim Sterben begleiten zu dürfen. Sie lehrte mich, wie es ist, wenn wir annehmen, was ist.

Meine Freundin Rumirah war eine der lebenshungrigsten Frauen, die mir bis dahin begegnet waren. Immer fröhlich. Immer offen. Immer auffallend gekleidet. In den ersten Jahren nach ihrer Krebs-Diagnose wirkte Rumirah sehr atemlos auf mich. Sie lebte noch intensiver als bisher. Dabei scheute sie aber auch nicht davor zurück, ihre Liebhaber damit zu konfrontieren, dass sie auch als brustamputierte Frau berührt, geliebt und begehrt werden wollte. Sie reiste von einem Schamanenkongress zum nächsten, besuchte Heiler in Brasilien, Indien und Hawaii. Wir beide hatten in dieser Zeit jedoch nur sporadisch Kontakt. Ein Jahr vor ihrem Tod hatte Rumirah dann eine Begegnung mit einem indischen Guru. Mit seiner Hilfe erfuhr sie – wie sie mir später erzählte –, dass es in uns Menschen etwas gibt, das auch dann noch weiterlebt, wenn wir unseren letzten Atemzug getan haben: unsere unsterbliche Seele, die im Buddhismus als Natur des Geistes bezeichnet wird.

In all den Jahren, in denen wir uns kannten, hatten wir oft über dieses Mysterium gesprochen. Nun, am Ende ihres Lebens, war Rumirah dort angekommen. Sie wirkte plötzlich innerlich frei und strahlte eine gewisse Ruhe aus. Das freute mich, weil es immer ihr Herzenswunsch gewesen war, diese Erfahrung zu machen und darin zu verweilen. Ein paar Monate später, in ihren letzten Wochen, besuchte ich sie regelmäßig. Es waren wunderschöne und erfüllende Begegnungen, ohne Trauer. Bei diesen Gesprächen musste ich immer wieder an den persischen Dichter Dschalal ad-Din al-Rumi denken, der einmal gesagt hatte: »Jenseits von richtig und falsch, von du und ich, gibt es einen Ort: dort werden wir uns begegnen.« Genau an diesem Ort trafen wir uns. Durch ihre Präsenz gelang es mir, mich mit einzuschwingen in diesen unendlich weiten und offenen Raum des Seins. In jener Zeit erhielt Rumirah auch immer wieder Besuch von einer Atemtherapeutin, die sie darin unterstützte, sich mehr dem Ausatem und der Atempause zwischen Aus- und Einatmen hinzugeben. Um loszulassen. Um geschehen zu lassen. Um offen zu sein – für das, was ist. Jedes Mal, wenn ich Rumirah in ihren letzten Tagen besuchte, fand ich mich selbst in einem Gefühl des tiefen Friedens wieder. Kurz darauf machte sie ihren letzten Atemzug.

Durch Rumirah war mir bewusst geworden, dass äußere Umstände unwichtig für unseren inneren Frieden sind. Rumirah war nicht vermögend gewesen, aber innerlich war sie reich. Und dieser Reichtum ist einfach nicht mit Geld aufzuwiegen. Ja, innere Zufriedenheit kommt wirklich aus dem Inneren – wie Studien es ja auch belegen – und nicht durch materiellen Reichtum.

Rumirah hat mir auch die Angst vor dem Sterben genommen. Angst vor dem Tod hatte ich nie gehabt. Es war die Angst vor einem qualvollen Sterbeprozess. Rumirah hat mir gezeigt, dass, wenn wir uns von einer Identifikation mit unseren Körperempfindungen, Gedanken und Gefühlen lösen, wir auch besser mit den Schmerzen umgehen und leichter sterben können.

Auch der Benediktinermönch und Zen-Lehrer Willigis Jäger betont, dass es keinen Tod gibt, vor dem wir uns fürchten müssen: »Wer zu seinem wahren Wesen durchbricht, erkennt, dass es keinen Tod gibt. Es kommt die Zeit, in der wir unseren Tod feiern werden wie unsere Geburt, weil wir unser wahres Leben erfahren, das nicht sterben kann. Spirituelle Wege helfen uns, das eigene, göttliche Wesen zu erfahren. Geht den Weg nach innen!«[41]

Die Vier Grundlagen
des achtsamen Wandels

Der erste Schritt ist wertlos, wenn der Weg
nicht zu Ende gegangen wird.   ADI SHANKARA

Mitten im Winter habe ich erfahren, dass es in mir einen unbesiegbaren Sommer gibt«, schrieb Albert Camus. Auch ich machte an einem gewissen Punkt die Erfahrung, dass sich der Nebel in meinem Kopf lichtete und meine Gedanken wieder heller wurden. Es geschah am Flughafen auf dem Weg in den Urlaub. Ich saß in der Abflughalle und plötzlich, ohne dass ich etwas Bestimmtes getan oder gedacht hatte, entspannte etwas in mir. Vielleicht war es die Vorfreude auf zwei Wochen Sonne, Wandern, Strand und gutes Essen. Nach Monaten hatte ich das Gefühl, als würden sich die Trübungen in meinem Kopf sogar wieder so sehr aufhellen, dass ich mich zum ersten Mal selbst wieder wahrnahm und spürte. Die ganze Zeit über hatte ich wie ferngesteuert gelebt. So, als hätte ich neben mir gestanden. Die ganze Zeit über war ich mir fremd gewesen, hatte mich wie abgespalten von mir selbst erlebt. So, als wäre ich die ganze Zeit von Sinnen gewesen. Und jetzt, in der kleinen Abflughalle des Memminger Flughafens, war ich wieder da! Mir fiel ein Stein vom Herzen. Und gleichzeitig stellte sich mir die Frage: Wo war ich in all den Monaten gewesen? Wo war der Teil von mir, der stets so lebendig und neugierig gewesen war? Wo war die Frau, die in den letzten Jahren so stark und erfolgreich gewesen war?

Ich saß in der Abflughalle und tat viele Seufzer der Erleichterung. An diesem Tag spürte ich zum ersten Mal, dass ich den ersten Schritt aus der Angst herausgegangen war. Dieser innere Wendepunkt stellte sich in einem Moment tiefer Entspannung ein. Es war jener Moment, in dem ich mich so auf die vor mir liegenden Ferien freute, dass ich für ein paar Augenblicke die Angst vergaß. Unbewusst hatte ein Teil in mir plötzlich den Fokus nur noch auf das gerichtet, was mir guttat.

Dieses Gefühl war leider nicht von Dauer. Nach ein paar Tagen stieg die Angst wieder in mir auf. Der Anlass war nichtig: Magenschmerzen. Dieses Mal aber konnte ich direkt hinter die Schmerzen schauen. Dadurch verflüchtigte sich die Angst auch wieder ein paar Tage später. Und kam erneut zurück. Doch die Intervalle zwischen Angst und Normalität wurden größer. Natürlich war ich betrübt, dass ich Rückfälle erlebte, die oft durch Kleinigkeiten ausgelöst wurden, aber mir fiel es leichter, diese Rückfälle anzunehmen.

Diese zwei Aspekte, Erkennen und Annehmen, bilden übrigens die beiden ersten Glieder der sogenannten Vier Grundlagen des achtsamen Wandels: *Erkennen, Annehmen, Erforschen* und *Nicht-Identifizieren*. Sie wurden weitere Lektionen auf meinem Weg. Mit ihrer Hilfe gelang es mir in den folgenden Monaten, besser mit meinen eigenen Ängsten umzugehen. Der Buddha empfahl diese Grundlagen übrigens auch seinen Schülern. Er wusste, dass eine heilvolle Wandlung von Angst in Mut, Zuversicht und Mitgefühl nur dann geschehen kann, wenn wir nicht weiter gegen uns und unsere Ängste und Probleme ankämpfen. Und genau das hatte ich getan! Erst in dem Moment, in dem ich unbewusst aufhörte zu meinen, so schnell wie möglich gesund werden zu *müssen*, etwas tun zu *müssen*, Lösungen finden zu *müssen*, fand ich zurück ins Leben. Und erst in dem Maße, in dem ich mich später immer wieder entspannte und mit heiterer Gelassenheit einen neugierigen und wachen Forschergeist entwickelte, um *hinter* die Ängste zu schauen, konnte ich mich konstruktiv mit ihnen auseinandersetzen und ändern, was zu ändern war.

Solange ich Nacht für Nacht paralysiert vor der Angst verharrte wie ein hypnotisiertes Kaninchen, fühlte ich mich ihr ausgeliefert. Solange ich glaubte, Heilung erzwingen zu müssen, fühlte ich mich machtlos. Erst als ich das, was war, anerkannte und es so annahm, wie es war, wurde ich wieder gesund. Die Vier Grundlagen des achtsamen Wandels wurden auf dem Weg zu meiner persönlichen Heilung zu einem wichtigen Werkzeug. Sie waren es, die mir halfen, mich von meiner Angst vor dem Alleine-Wandern, dem Fliegen oder auch davor, ernsthaft körperlich krank zu sein, zu befreien. Sie waren es auch, die mir halfen, eine heitere Gelassenheit zu entwickeln und mich nicht weiter mit meinen körperlichen Symptomen, dem Angstflimmern, zu identifizieren.

Erkennen, was ist

Der Angst von Angesicht zu Angesicht zu begegnen, ist der erste Schritt in Richtung Heilung. Sehen, was ist, hilft uns dabei, zu verstehen, warum wir in bestimmten Situationen ängstlich, aggressiv, wütend oder zornig reagieren. Der Realität ins Auge zu schauen, ist schwierig. Und gleichzeitig ist es notwendig, um die Ursachen für unsere Ängste zu erkennen. Nur dann können wir einen heilvollen Umgang damit entwickeln. Lähmt die Angst uns aber in einem so großen Maße, dass wir nicht mehr in der Lage sind, selbstbestimmt zu handeln, stecken wir fest. Dies heißt aber nicht, dass wir unsere Ängste bewusst verdrängen. Oftmals erkennen wir lange nicht, dass es Ängste sind, die uns so durch unser Leben treiben oder uns bremsen. »Es hat lange gedauert, bis ich mir selbst eingestehen konnte, dass mir bestimmte Situationen Angst machen«, erklärte mir ein Münchner Arzt in einem Interview. »Dies zu akzeptieren, mich nicht mehr dafür zu schämen und Situationen, die diese Ängste hervorrufen, nicht mehr auszuweichen, ging nur in kleinen Schritten.«

In den Spiegel schauen

Bei mir selbst hat es ebenfalls lange gedauert, bis ich erkannte, dass das nächtliche Flimmern Ausdruck von tief sitzenden Ängsten war. Auch andere Menschen, die unter Ängsten leiden, wissen oftmals gar nicht, dass es die Angst ist, die sie zum Arzt treibt. Diese Erfahrung macht auch Stefan Keller immer wieder: »Die Patienten kommen nicht wegen der Angst in meine Praxis. Sondern sie sagen: ›Mir ist immer so heiß‹ oder ›Mir wird immer so schwindelig‹«. Aber je nach Ausmaß der körperlichen oder emotionalen Symptome kann unsere Angst uns dazu zwingen, unser Leben genau zu betrachten und den Schwierigkeiten auf den Grund zu gehen. Das kann allerdings schwierig sein, wenn eine Angsterkrankung noch nicht als solche diagnostiziert ist und wir gar nicht wissen, warum unser Leben in engen Bahnen verläuft. »Oft sehen wir gar nicht, dass wir von Ängsten bestimmt werden in unserer eigenen Freiheit, in unserem Tun und in unserem Handeln«, erklärte mir dazu Stefan Keller. »Und wir erkennen gar nicht mehr, dass das Leben auch ganz anders sein könnte.«

So forderte mich meine Erkrankung auf, mich genau mit mir auseinanderzusetzen. Nicht umsonst erinnerte mich das nächtliche Flimmern an einen Bildschirm, der keinen Empfang bekam. Es war offensichtlich an der Zeit, mich mit mir selbst und verdrängten Anteilen meiner Persönlichkeit zu konfrontieren und zu erkennen, was alles hinter diesem Phänomen lag und angeschaut werden wollte. Natürlich war es im Verlaufe des Heilungsprozesses auch für mich hier und da nicht immer leicht, zu sehen, wo mich die Angst beherrschte, einschränkte oder lähmte. Manchmal sind die Ängste aber so alt, dass wir ihre Ursachen nicht allein finden können. Dann reichen auch spirituelle Praktiken oder buddhistische Tugenden nicht mehr, um dem Ganzen auf den Grund zu gehen. Auch ist nicht jeder in der Lage, dies allein zu schaffen. Wagen wir aber einen offenen Blick auf das, was ist, egal ob allein oder mit Hilfe eines Therapeuten oder Arztes, so werden wir frei und unser Leben beginnt, eine ganz andere Tiefe zu entwickeln. Dann kann sich eine kraftvolle Offenheit einstellen.

Annehmen, was ist

Anfangs fiel es mir schwer, meine Angststörung als solche zu erkennen und anzunehmen. Aber nicht nur ich selbst hatte meine Probleme damit. Auch Freunde und Bekannte von mir, die mich bislang immer als eine Powerfrau erlebt hatten, taten sich plötzlich im Umgang mit mir schwer. Oft hörte ich: »Wieso konnte dir so etwas passieren? Du meditierst doch!« oder »Dass gerade du eine Angststörung hast, hätte ich nicht gedacht. Du beschäftigst dich doch schon so lange mit spirituellen Themen«. Bei manchen meiner Gesprächspartner war es mir nicht möglich, ihnen zu erklären, dass es sich hierbei um eine Erkrankung handelte, auf die ich in der hochakuten Phase keinen Einfluss hatte. Es fiel mir mitunter auch schwer, das Ausmaß der Erkrankung zu erklären. Ich schämte mich dafür. In meiner Position als Powerfrau hatte ich mich ziemlich wohlgefühlt. Und mich jetzt als schwach, krank und nicht sehr belastbar zu erleben und zu zeigen, bereitete mir hier und da Schwierigkeiten – aus Angst, mein Gesicht zu verlieren. Aus Angst, Freunde zu verlieren. Aus Angst, Auftraggeber zu verlieren.

Allerdings hatte ich meine Ängste lang genug unter dem Deckmantel der Powerfrau verdrängt. Jetzt war ich an einem Punkt, an dem es mir nicht mehr möglich war, meine unangenehmen Gefühle und Gedanken weiter unter Kontrolle zu halten. Der Preis, den ich dafür zahlen musste, nämlich eine Angsterkrankung, in der sich nun alles potenziert zeigte, war immens hoch. Im Laufe der Krankheit suchte ich jetzt nach anderen Lösungen. Ich stellte fest, dass eine vollkommen andere Möglichkeit, mit mir selbst umzugehen, darin bestand, dem, was ich jetzt in mir wahrnahm – und das waren all die aufgestauten, abgespaltenen, verdrängten großen und kleinen Ängste –, mit Akzeptanz zu begegnen und es anzunehmen. Auch wenn es anfangs nicht leicht war und besonders meine Ungeduld mir immer wieder ein Schnippchen schlug, so versuchte ich doch, eine offene, nicht wertende Haltung meinem eigenen Erleben gegenüber einzunehmen. Ich erlaubte mir, zu fühlen, was ich fühlte. Ich erlaubte den Gefühlen, da zu sein, gab ihnen Raum. Die Art der Akzeptanz, die ich jetzt erlebte, bezog sich nicht auf bestimmte Verhaltensweisen, die häufig mit den Gefühlen einhergingen. Als ich meine Ängste akzeptierte, bedeutete dies nicht, die Flucht vor bestimmten Situationen zu ergreifen, zu resignieren oder mich zu verstecken.

Bislang hatte es für mich immer nur ein »Entweder-oder« gegeben. Jetzt erlebte ich ein »Sowohl-als-auch«. Ich freute mich zum Beispiel auf eine Reise *und* hatte gleichzeitig Angst davor, weil auch eine Reise in eine unbekannte Region zu einem Auslöser von Angst oder Panik werden kann. Ich freute mich auf ein Seminar *und* hatte Angst davor, weil ich nicht wusste, ob ich psychisch schon wieder so stabil war, mehrere Tage präsent und konzentriert zu sein. Die Akzeptanz dieses »Sowohl-als-auch« wurde die Voraussetzung dafür, frei und gesund zu werden.

Im Laufe der Monate lernte ich, dass ich einen wohlwollenden akzeptierenden Umgang mit meinen eigenen Ängsten üben konnte. Der indische Guru Swami Satchidananda hat einmal gesagt, dass wir die Wellen nicht stoppen können, aber dass wir lernen können, auf ihnen zu surfen. Und so lernte auch ich mit der Zeit, auf den Wellen meiner Angst zu reiten, und wurde mit der Zeit immer besser darin. Auch wenn ich immer wieder von den Wellen verschluckt wurde, so gelang es mir zusehends besser, ihnen standzuhalten.

Dazu gehörte zum Beispiel, dass ich begann, Vermeidungs- und unnötiges Sicherheitsverhalten abzubauen. Dazu zählte, dass ich den Kontakt zu meinem Arzt wieder lockerte. Über Monate waren wir in sehr enger Verbindung gewesen. Immer und immer wieder hatte ich ihn aufgesucht, weil ich – und dies war symptomatisch für eine Angsterkrankung – befürchtete, an einer lebensbedrohlichen Krankheit zu leiden. Und immer und immer wieder bestätigte er mir, dass ich nichts zu befürchten hätte, sondern dass alle körperlichen Phänomene wie mein nächtliches Flimmern, die Magenschmerzen oder das Herzrasen nur Symptomträger der Angststörung seien. Ich bemühte mich auch, meine eigene Komfortzone zu verlassen, um mich mit schwierigen Themen auseinanderzusetzen, Unklarheiten in Beziehungen anzusprechen und die dabei aufkommenden Gefühle zuzulassen und immer wieder »Ja« zu sagen zu dem, was gerade war. Und dabei hatte ich C. G. Jung im Hinterkopf, der irgendwann einmal gesagt haben soll, dass ein kräftiges Leid oftmals zehn Jahre Meditation erspart.

Die Fähigkeit, meine Erkrankung als eine Möglichkeit des Wachstums zu sehen und sie nach anfänglicher Schwierigkeit anzunehmen, rührte aber auch von meiner grundlegend positiven Einstellung dem Leben gegenüber her. Ja, selbst die Forschung zeigt mittlerweile, dass es von Vorteil ist, optimistisch durchs Leben zu gehen. Ich wurde getragen von dem Glauben, dass alles, selbst eine Krankheit oder ein Verlust, einen tieferen Sinn hat und sich dadurch letztendlich auch alles, besonders die eigene Entwicklung, zum Guten wendet.

Mir begegneten aber auch immer wieder Menschen, die ebenfalls psychisch oder physisch krank waren, sich aber schwertaten, ihre derzeitige Situation anzunehmen. Zu akzeptieren, was ist, ist wohl die schwierigste Übung für uns Menschen. Es ist eben dieses Anhaften an bestimmte Vorstellungen, wie das Leben zu sein hätte. Aber gerade das ist es, was laut dem Buddha zum Leiden führt. Wir lehnen das ab, was wir nicht haben wollen, wie etwa eine Angststörung, und sehnen uns nach dem, was wir lieben, wie etwa ein pralles Leben voller Glücksmomente. Aber, und das wusste auch schon der Buddha, solange wir für oder gegen etwas kämpfen, leiden wir. Erst wenn wir das Leben so annehmen können, wie es ist, entspannen wir.

Anzunehmen, was ist, ist ein mutiger Schritt in Richtung Wandlung, der bereits viel Heilung mit sich bringt. Erst wenn wir etwas aus tiefstem Herzen akzeptieren, können wir damit umgehen und eine tiefe Wandlung erfahren. Eckhart Tolle beschreibt dies in einem Interview folgendermaßen: »Je schlimmer die Lebensumstände, desto größer die potenzielle Chance der Bewusstseinstransformation. In Situationen, die scheinbar aussichtslos sind, wie zum Beispiel bei einer schweren körperlichen Behinderung, Krankheit oder bei einem tief greifenden Verlust, verstärkt sich zunächst der normale Widerstand gegen den gegenwärtigen Moment – und somit das Leid – um ein Vielfaches. Das *Jetzt* wird fast unerträglich. Es innerlich zuzulassen, das ›So-Sein‹ des Jetzt zu akzeptieren, scheint unmöglich und sinnlos. Doch dann, wenn der Mensch die Last des ›leidenden Selbst‹ nicht mehr tragen kann, kann es geschehen, dass plötzlich innerlich etwas kippt. Das tief verwurzelte Nein zum gegenwärtigen Moment löst sich auf und damit auch das leidende Selbst. Und wenn das Jetzt, so wie es ist, zugelassen wird, dann öffnet sich die Tür zu einem tiefen, inneren Frieden und einer Intelligenz, die jenseits des Denkens liegt. In diesem Bewusstseins-Shift wird das falsche Selbst, das aus Gedankenformen besteht, als Illusion – eine Art Traumbild – erkannt. Wenn ich den gegenwärtigen Moment vollkommen annehme, nimmt das *Jetzt,* das nichts anderes als das Leben selbst ist, auch mich vollkommen an. Manchmal ändert sich dann auch die äußere, scheinbar schwierige Situation wie von selbst. Dinge, die man schon fast als Wunder bezeichnen könnte, geschehen. Manchmal geschehen sie spontan aus der Person selbst heraus. Etwas, was du vorher nie hättest tun können, und plötzlich weißt du ganz genau, was zu tun ist. Oder es sind äußere Umstände, die sich wie von selbst plötzlich ändern. Wenn man mit dem Bewusstsein des gegenwärtigen Moments verbunden ist, realisiert man, dass der gegenwärtige Moment, das *Jetzt,* immer der gleiche ist und sich nur die Form des Momentes ändert. Es ist nicht der gegenwärtige Moment, der uns unglücklich macht, sondern der Widerstand, mit dem wir dem *Jetzt* begegnen. Der Widerstand dem *Jetzt* gegenüber sind die Gedankenformen, die das *Jetzt* ablehnen, es kritisieren, sich darüber beschweren, die damit unglücklich sind, und die Emotionen, die damit einhergehen, wenn wir es beurteilen. Im *Jetzt* selbst ist nichts gut oder schlecht, aber unsere Gedanken machen es dazu. Der jetzige Moment ist, wie er ist. Je mehr ein Mensch versucht, aus einer Situation herauszukommen, desto tiefer muss das bedingungslose Ja dazu sein. In einigen sehr extremen Lebenssituationen war ein einziges Ja genug, um eine tiefe Transformation mit sich zu bringen. Die Veränderung des Bewusstseins findet im *Jetzt* statt. Es vollzieht sich ein

Bewusstseins-Shift, in dem plötzlich realisiert wird, dass es entscheidend ist, mit dem gegenwärtigen Moment zu leben. Für einige Zeit sind manche Menschen dann in diesem Zustand des *Jetzt,* und das Leben fällt ihnen wesentlich leichter.«[42]

Sich selbst erforschen

In dem Maß, in dem ich den Mut fasste, eigene kleine und große Ängste zu erforschen, konnte ich zusehends entspannen. Dies zeigte sich jetzt auch in Situationen im Alltag, in denen ich genau beobachtete, wie schnell kleine Ängste entstanden, wenn mir zum Beispiel jemand in einem Gespräch immer wieder ins Wort fiel und seine Meinung durchsetzen wollte. Früher hatte ich mich in solchen Situationen innerlich sofort zurückgezogen, aus Angst, diesen verbalen Angriffen nicht standhalten zu können. Jetzt konzentrierte ich mich auf meine Mitte, versuchte bei mir zu bleiben, innerlich nicht wegzugehen, mich zu entspannen und trotzdem Gehör zu finden. Ich bemerkte jetzt aber auch, wie schnell große Ängste geschürt wurden durch eine scheinbar bedrohliche Situation im Außen.

Ängste können aber auch dann schnell entstehen, ohne dass im Außen irgendetwas passiert. Dies wurde mir noch stärker bewusst, als ich im Verlauf meines Gesundungsprozesses wieder anfing zu meditieren. Das tat ich aber erst, als ich das Gefühl hatte, psychisch wieder ausreichend stabil zu sein, und mich durch die Innenschau wirklich sammeln konnte, statt mich in der Angst zu verlieren. Ich begann wieder mit der regelmäßigen Sitzmeditation, um mich selbst in der Stille noch einmal genauer zu untersuchen. »Durch Meditation und Analyse«, so der Dalai Lama, »erkennen wir Schritt für Schritt, dass zwischen unserem Geist und dem, was ihn gewöhnlich umtreibt, ein Unterschied ist. Dies hilft uns, den Geist zu zähmen.«[43] Laut dem Buddha ist es besonders hilfreich, sich in der Meditation auf die Erforschung folgender Bereiche zu konzentrieren: den *Körper,* die *Gefühle* und den *Geist.*

Den eigenen Körper kennenlernen

Im Buddhismus gilt der Körper als etwas ungeheuer Kostbares. Nur er erfüllt die Bedingungen, um inneren Frieden, Freiheit und Glück zu erfahren. Deshalb beginnt die systematische Meditation mit der Erforschung des Körpers beim Sitzen, Gehen, Stehen und im Liegen. Nur wenn wir unseren Körper kennen, wissen wir, wie er reagiert, wenn der Geist klar oder verwirrt ist, wenn unser Herz sich öffnet oder verschließt. Ich meditierte in der Natur mit den Bäumen, mit den Flüssen und mit den Bergen. Am besten gelang mir dies im Schutz eines Baumes. Dadurch fühlte ich mich getragen von der Erde und verbunden mit dem Universum. An regnerischen Tagen oder dann später im Herbst und Winter meditierte ich zu Hause und merkte, dass ich mich in geschlossenen Räumen noch einmal mehr auf die Meditation einlassen konnte. Das hängt damit zusammen – wie ich später durch neurologische Forschungen erfuhr –, dass unsere Amygdala, deren Funktion es ist, uns vor Gefahren zu schützen, den Horizont konstant nach Gefahren absucht. Das ist ihre Aufgabe. Aber wo auch immer ich meditierte, zu Beginn jeder Meditation erdete ich mich, verankerte ich mich durch meine Atmung im Körper. Das ging manchmal schnell. Bisweilen brauchte es eine ganze Meditation von durchschnittlich 30 Minuten.

Meine Arbeit mit dem Atem und die Entwicklung der Achtsamkeit hatten in den vorhergehenden Monaten bereits gute Vorarbeit geleistet. Eine körperorientierte Therapie hatte mir dabei ebenfalls geholfen, besonders in Hinsicht auf unverarbeitete traumatische Erfahrungen, was meine Contergan-Erkrankung betraf, ein Gefühl für meine Körperempfindungen zu entwickeln. Während ich mich früher in ängstigenden Situationen immer wieder von meinen Körperempfindungen abgespalten hatte, lernte ich jetzt, bei einer Erfahrung zu bleiben, besonders dann, wenn mich etwas ängstigte, sie wahrzunehmen und zu beschreiben. Dies war für mich ein anstrengender Lernprozess. Aber damit bin ich, wie ich mittlerweile von vielen Freunden und Bekannten weiß, gar nicht so allein. Obwohl viele Menschen aus der spirituellen Szene meditieren und Yoga praktizieren, besuchen mindestens ebenso viele von ihnen körperorientierte Therapien, in denen sie traumatische Erfahrungen aus ihrer Kindheit und Jugend aufarbeiten.

Eine tiefere Beziehung zu meinem Körper stellte ich auch durch den bereits erwähnten Bodyscan von Jon Kabat-Zinn her. Dabei richtete ich meine Aufmerksamkeit auf verschiedene Körperregionen. Anfangs tat ich mich schwer damit, meine Achtsamkeit zum Beispiel nur auf den linken Fuß zu richten. War er doch so weit von meinem Kopf entfernt, über den ich normalerweise die Welt erfuhr. Aber mit fortdauernder Übung wurden die Bereiche, auf die ich meine Aufmerksamkeit richtete, allmählich lebendig. Anfangs war es nur eine sehr schwache

Empfindung in meinem linken Fuß, aber dann bekam ich immer mehr das Gefühl, dass dort etwas ist, was sich zu erforschen lohnt. Mit der Zeit wurde mir bewusst, dass allein mein linker Fuß ein sehr komplexes Ding ist, in dem alles Mögliche passiert. Schließlich spürte ich zunehmend, dass der linke Fuß eine Art von Lebendigkeit, Energie und Intensität besitzt, die ich nie zuvor erfahren hatte. Und dann schließlich erfuhr ich, dass mein linker Fuß ein ganzes Universum für sich ist, ein Universum mit Mustern der Spannung und Entspannung, der Erstarrung und Offenheit, der Schmerzen und der Gefühle des Wohlseins – etwas, das von Leben vibriert und das einen ganz eigenen Charakter und eine eigene, ihm einzigartige Verhaltensweise besitzt. Ein Universum, das es mir noch dazu ermöglicht, mich vollkommen frei in der Welt zu bewegen.

Mit der Zeit erforschte ich so meinen ganzen Körper. Und ich wurde mir allmählich bestimmter Bereiche innerhalb verschiedener Körperregionen bewusst, etwa der Sehnen und Bänder, aber auch winziger Muskeln an versteckten Orten, der Knochen, des Herzkreislaufsystems, des Herzens, der Nieren und aller anderen Organe.

Indem ich die Achtsamkeitspraxis für meinen Körper intensivierte, entwickelte ich ein immer stärkeres Gefühl für mein Inneres. Anfänglich fühlte es sich so an, als müsste ich meine ganze Bewusstheit aufwenden, um diese Orte wahrzunehmen, aber mit der Zeit begann ich zu spüren, dass in diesen Bereichen in Wirklichkeit bereits Bewusstheit vorhanden ist. Ich lenkte meine Aufmerksamkeit auf ein bestimmtes Körperteil und entdeckte dann, dass das, was ich erfuhr, tatsächlich viel größer war als die Aufmerksamkeit, die ich darauf richtete. Es war geradezu so, als würde diese bereits vorhandene Bewusstheit dieser

Körperregion auf mich zurückwirken und mit mir in Beziehung und Wechselwirkung treten. In dem Moment, als ich das erfuhr, wurde mir klar, dass ich mich in ein bereits vorhandenes Körperbewusstsein einstimmte, das nicht nur in diesem bestimmten Bereich vorhanden war, sondern im ganzen Körper. Vor dieser Erfahrung hatte ich mich meistens nur in meinem Kopf erlebt – ein Bewusstsein, das vornehmlich nach außen gerichtet ist.

Auf dem Meditationskissen konnte ich auch ganz bewusst beobachten, wie schnell Ängste geschürt werden. Hatte ich zum Beispiel mittags eine Einladung von einem Veranstalter erhalten, um auf einer Tagung einen Vortrag zu halten, dann nahm ich diese Einladung unwillkürlich mit in die Meditation. Allein die Vorstellung, einen Vortrag halten zu müssen, verursachte bereits auf dem Meditationskissen feuchtwarme Hände, Herzklopfen und eine Reihe von angsterfüllten Gedanken. Was, wenn ich den Vortrag durch Stammeln und Stottern vermasseln würde! Ich spreche einfach ungern vor vielen Menschen. Aber all das passierte in meinem Kopf, während ich *nur* zu Hause auf dem Kissen saß. Etwas Reales im Außen war gar nicht geschehen, und trotzdem reagierte mein Körper. Diese Beobachtung bewusst mitzuerleben machte mir deutlich, wie eng Körper, Gefühle und Gedanken zusammenspielen. Erst durch Achtsamkeit konnte ich den Klammergriff lockern, in den mich meine selbst inszenierten, erdachten Geschichten nahmen, und dafür sorgen, dass ich nicht so sehr an ihnen hing und mich nicht so sehr mit ihnen identifizierte. Das Nicht-Identifizieren spielt in diesem ganzen Prozess eine zentrale Rolle! Ich versuchte also, damit aufzuhören, mich mit meinen Körperempfindungen, Gefühlen, Gedanken, Problemen und Ängsten zu identifizieren.

Immer und immer wieder sagte ich mir: Ich habe Körperempfindungen, aber ich *bin* sie nicht! Ich habe Gefühle, aber ich *bin* sie nicht. Ich habe Gedanken, aber ich *bin* sie nicht! Ich habe Ängste, aber ich *bin* sie nicht. Keine leichte Übung, zumal ich damit bei vielen meiner Ängste auf taube Ohren stieß.

Durch Musik ins Hier und Jetzt

»Musik bringt uns mit besonders tiefen Zuständen unseres Geistes in Verbindung«, sagt der Dalai Lama, und ich kann dies nur bestätigen. Eine rauchige Männerstimme, die den Blues singt und mich besonders berührt; ein leidenschaftliches Gitarrensolo, das mir unter die Haut geht; oder ein rhythmischer Takt – all das kann die Grenze zwischen mir und der Musik auflösen und damit auch alle angstvollen Gedanken. Die folgende Übung half mir immer wieder, meine Aufmerksamkeit weg von der Angst hin auf einen schönen Klang zu lenken. Klänge werden immer wieder zu einem Tor für mich, das es mir ermöglicht, über meinen Körper die Welt als einen einzigen Kosmos zu erfahren, in dem nichts voneinander getrennt ist.

Übung: Musik hören

Halten Sie über den Tag verteilt immer wieder inne und hören Sie ganz bewusst ein Musikstück. Lauschen Sie, als würden Sie das Stück zum ersten Mal hören.

Die eigenen Gefühle wahrnehmen

Es gehört viel Mut dazu,
sich einer Angst zu stellen und sie auszuhalten.
                                    Hoimar von Ditfurth

Der Buddhismus betrachtet Gefühle neutral. In der buddhistischen Lehre gibt es weder schlechte noch gute, weder richtige noch falsche Gefühle. Jedes Gefühl ist einfach nur ein Gefühl. Wichtig ist ein bewusster Umgang damit, weil ein unbewusster Umgang, zum Beispiel mit unserer Wut, mit Angst oder mit Ärger, unter Umständen gravierende Folgen hat, weil er uns zu Reaktionen veranlasst, die bei anderen nur Kopfschütteln hervorrufen. Dies hatte ich früher an mir selbst immer wieder beobachten können: In meiner Beziehung brauchte es in stressigen Zeiten manchmal nur ein einziges Wort und schon explodierte ich. Manchmal standen meine Reaktionen auf ein Verhalten oder einen Satz in keinem Verhältnis zum Geschehen. Ich reagierte überempfindlich, war verletzt, sprachlos oder wütend. Es waren bestimmte Situationen oder Menschen, die in mir ein vollkommen unbewusstes Gefühl hervorriefen, das bei der nächstbesten Gelegenheit zum Ausbruch kam. Erst durch die Selbstreflexion in der Meditation wurde ich mir meiner eigenen Gefühle zunehmend bewusst und lernte, dass es normal ist, in einem gewissen Maße Angst zu empfinden, wütend zu werden oder traurig zu sein.

Je mehr ich die Ursachen und Wirkungen meiner eigenen Gefühle verstand, desto besser konnte ich unangebrachte verletzende Gefühlsausbrüche vermeiden. »Wenn

Sie zuerst die psychischen Ängste verstehen, dann können Sie mit den physischen Ängsten fertigwerden, nicht umgekehrt«, so Krishnamurti. Ein Verständnis für meine Gefühle bekam ich besonders dann, wenn ich versuchte, allen inneren Regungen gegenüber möglichst offen und unvoreingenommen zu sein. Alles darf sein, wie es ist! Ein achtsamer, wertschätzender und mitfühlender Umgang mit meinen eigenen inneren Erfahrungen stärkte darüber hinaus meine Bereitschaft, verdrängte Emotionen wieder ans Tageslicht kommen zu lassen. »Schon das Mitteilenkönnen einer Angst ist eine Erleichterung«, erläutert Fritz Riemann in seinem Buch *Grundformen der Angst.* »Wenn man das aber nie wagt, weil man fürchtet, sich dadurch den anderen auszuliefern oder für verrückt gehalten zu werden, wenn man sich ihnen in seiner ganzen Schwäche und Ungeschütztheit zeigen würde, kann Angst durch Anhäufung über lange Zeit Grade erreichen, die nicht mehr auszuhalten sind.«

In der Meditation sah ich jetzt, dass meine Gefühle unterschiedlichste Facetten und Intensitäten hatten. Bislang hatte ich primär auf die ganz starken Gefühle reagiert und die zarten Gefühlsregungen nicht wirklich wahrgenommen. Auf Angst hatte ich körperlich immer unmittelbar mit Herzklopfen reagiert und das Gefühl gehabt, als würde ein Stromschlag durch mich hindurchgehen. Danach dauerte es stets eine ganze Weile, bis die Gefühlswallung, inklusive des Zitterns der Knie, verging. Erst mit der Zeit, als ich begann, die verschiedenen Gefühle differenzierter in der Meditation wahrzunehmen, lernte ich, wie unglaublich zart und kaum wahrnehmbar Gefühle sein können. Und auch hier offenbarte sich mir ein ganzes Universum, und das, obwohl ich mit geschlossenen Augen still auf einem Meditationskissen saß. Durch das bewusste Beobachten meiner Gefühle in der Meditation gelang es mir nach und nach, erste Gefühlsanzeichen viel besser zu lesen und damit umzugehen bzw. dem entgegenzuwirken, was sich dahinter verbarg, statt vollkommen von ihnen überschwemmt zu werden. Sobald ich nervöser oder gereizter reagierte, hörte ich auf zu arbeiten. Machte Pausen. Atmete tief. Erdete mich. Sobald ich mich in meiner Beziehung verletzt fühlte, redete ich über meine Empfindungen und konnte die Situationen so friedlich klären.

Drei Gefühlskategorien

Der Buddha hat im Zustand höchster Konzentration in der Meditation erforscht, wie unsere Gefühle zusammengesetzt sind, und dabei erkannt, dass unsere Sinne unser gesamtes Erleben beeinflussen und wir uns dadurch unsere eigene, subjektive Welt erschaffen. Jeder noch so feine Sinneseindruck löst eine Empfindung aus und führt zu einer unmittelbaren Bewertung dieser Erfahrung. Der Buddha unterschied sie in *angenehme, unangenehme* und *neutrale* Gefühle. Diese drei Kategorien stellen die emotionale Basis für jede Erfahrung dar. Jede Erfahrung löst eine Kette von Gedanken und Gefühlen aus und zieht entsprechende Reaktionen nach sich. Neutrale Erfahrungen beachten wir nicht weiter, denken nicht lange darüber nach, reagieren emotional nicht darauf. Unangenehme Erfahrungen möchten wir so schnell wie möglich beenden, umgehen, reduzieren oder vermeiden, weil sie Angst, Unbehagen, Wut, Ekel oder Furcht in uns auslösen. Angenehme Erfahrungen möchten wir festhalten, wiederholen, intensivieren oder verlängern. Sie führen zu Gefühlen wie Lust, Sehnsucht, Gier, Anhaftung und Begierde. All diese Gefühle gehören jedoch zum Leben. »Im Umgang mit der Angst ist es hilfreich zu erkennen, dass sie einfach zum Leben gehört«, vermittelte mir die Meditationslehrerin Marie Mannschatz. »Wir wollen die Angst aus dem einfachen Grund nicht haben, weil sie ein unangenehmes Gefühl ist. Wenn wir sie aber akzeptieren und erkennen, dass sie zu uns gehört, genauso wie ein angenehmes Gefühl, dann wird der Umgang damit leichter.«

Ich persönlich kann nicht kontrollieren, was an Gefühlen und Gedanken in mir auftaucht. Manchmal war ich überrascht darüber, welche Situationen in mir ein Gefühl und als dessen Folge Gedanken der Angst auslösten. Mal war es lediglich der aggressive Gesichtsausdruck eines Fremden, der mich auf der U-Bahnrolltreppe von hinten überholte und mich dabei zur Seite drängte. Mal war es der harsche Ton eines Radfahrers, der mich auf dem Gehweg anpöbelte. Oder ein randalierender Jugendlicher in der U-Bahn auf dem Weg zu einem Fußballspiel in der Münchner Allianz Arena. Aber ich lernte mit der Zeit, dass ich die Wahl hatte, mit den angstbehafteten Gefühlen und Gedanken auf eine mir angemessene Weise umzugehen. Diese Wahlfreiheit war es, die mich plötzlich ganz anders auf die Angst blicken ließ. Ich fühlte mich nicht mehr als ihre Gefangene.

In dem Maße, in dem ich anfing, meine Gefühle zu durchschauen, egal ob sie durch positive oder negative Reize ausgelöst wurden, war ich längst nicht mehr so an ihre Reaktion gekettet. Durch die bewusste Wahrnehmung der unterschiedlichen Gefühlsqualitäten entstand ein unbekannter und gleichermaßen weiter Raum, in dem ich selbst entscheiden konnte, ob ich mit übermäßiger Angst auf etwas reagierte, oder ob ich sie einfach nur als unangenehm wahrnahm, ohne ihr lange Beachtung zu schenken. Es entwickelte sich langsam ein Geschmack von ungeahnter Freiheit.

Im Laufe der Zeit erschloss sich mir, was mit achtsamer Offenheit und achtsamem Wahrnehmen gemeint ist. Damit ist nicht gemeint, Gefühle zu beobachten und darüber nachzudenken, sondern zu fühlen und zu wissen, dass wir fühlen und was wir fühlen. »In dem Moment, in dem wir versuchen, ein Gefühl lediglich zu beobachten oder intellektuell zu erfassen, bleiben wir von der körperlichen Empfindung getrennt und versäumen so, die Weisheit unseres eigenen Körpers zu nutzen«, weiß Marie Mannschatz. Das heißt, all die wertvollen Signale, die der Körper sendet, wenn uns etwas nicht guttut, uns stressen wird, uns früher oder später Ärger beschert, verpuffen andernfalls im Unbewussten, und das eigene Gefühlsleben wird flach und oberflächlich und hindert uns daran, uns in der Tiefe weiterzuentwickeln. Das hängt aber auch damit zusammen, dass wir viele der alltäglichen Empfindungen überhaupt nicht mehr wahrnehmen, weil sie automatisch immer wieder passieren und wir ihnen dadurch gar keine Achtsamkeit mehr schenken. Sind wir hingegen offen, gibt es so viel zu entdecken, dass wir uns selbst und die Welt jeden Tag auf eine ganz neue Weise erfahren können und einen unendlich tiefen Reichtum in uns selbst und im Leben erkennen werden. Kein Augenblick ist wie der andere. Hinter dem unangenehmen Gefühl der Angst, dem ich stets aus dem Weg gegangen war, wartete erstaunlicherweise ein tiefes Gefühl der inneren Ruhe auf mich.

Gedanken erkennen

Ihr habt so viele Ansichten und Meinungen darüber, was gut und schlecht ist, richtig und falsch, darüber, wie die Dinge sein sollten. Ihr hängt an euren Ansichten und leidet unendlich. Doch eigentlich sind es nur Ansichten, wisst ihr! AJAHN CHAH

Es dauerte lange, bis ich die destruktiven und angsteinflößenden Gedanken stoppen konnte, die in mir während meiner Sitzmeditationen aufstiegen. Dies gelang mir nur mit Hilfe meines neugierigen Forschergeistes, dem Inneren Beobachter in der Meditation. Es dauerte auch lange, bis ich geistig einen Punkt des Friedens in mir finden konnte. Eine Art Anker, der mich davor bewahrte, dass meine Gedanken mich wieder wegtrugen in irgendwelche zukünftigen Dramen. Dies war natürlich schwierig. In manchen Meditationen kam es mir so vor, als würde ich nach jenem Ort suchen, der im Stierkampf als »carencia« bezeichnet wird. Dabei handelt es sich um jene Stelle in der Arena, in der sich der Stier sicher fühlt. Es ist die Aufgabe des Matadors, den Stier immer in Bewegung zu halten, damit er in der Arena keinen Fleck findet, an dem er seinen »Ort der Ganzheit« besetzen kann.[44] Ich erkannte, dass der Matador, nämlich die Angst, nur eine Illusion meines Geistes war und mir das Ganze vorkam wie ein kosmisches Spiel.

Durch die Distanz konnte ich auch sehen, dass Gedanken ebenso wie Gefühle und Körperempfindungen ihrer Natur nach flüchtig sind. Trotzdem klebte ich an ihnen, wie das Pech am Schwefel. Ich musste lernen, die Macht der Geschichten zu begreifen, die ich mir selbst erzählte.

Nur so konnte ich sie von der direkten Erfahrung des Lebens unterscheiden. Diesen Unterschied zu erkennen, ist im Umgang mit der Angst und bei ihrer Bewältigung unumgänglich. Die angsterfüllten Gedanken wirken sich unmittelbar und destruktiv auf unser Leben aus und lähmen uns. Aber: »Die Erkenntnisfähigkeit kann viel bewirken«, weiß Matthias Ennenbach aus seiner Erfahrung mit der buddhistischen Psychotherapie. »Dadurch kann sich vieles recht schnell ändern.«

Als ich anfing, meine Gedanken zu beobachten, lernte ich die Bewegungen im Geiste in Form von Bildern, Erinnerungen, Fantasien, Plänen, Bewertungen und Vorstellungen kennen. Lernte, sie zu benennen und zu nutzen. Ich lernte jene Gedanken zu schätzen, die mir bei der Bewältigung meines eigenen Alltags äußerst hilfreich waren und natürlich nach wie vor sind. Aber das waren sie auch nur dann, wenn ich mich nicht in ihnen verfing. Oft war mir bis dahin gar nicht bewusst gewesen, *dass* ich unentwegt dachte, *was* mein Geist an Gedanken produzierte. Ein buddhistischer Meditationslehrer, dessen Name mir leider nicht bekannt ist, hat einmal behauptet, dass wir durchschnittlich 17 000 Gedanken pro Tag hegen, wovon 95 Prozent immer den gleichen Inhalt haben. Es liegt in der Natur des Geistes, Gedanken zu produzieren. Das ist an und für sich auch nichts Schlimmes. Tragisch wurde es bei mir nur dann, wenn ich mich selbst und mein Leben über meinen Verstand und die daraus entstehenden, oft einseitigen und falschen Gedanken identifizierte. »Jeder«, sagt Eckhart Tolle, »der mit seinem Verstand identifiziert ist, statt mit seiner wahren Stärke, dem tieferen, im Sein verankerten Selbst, wird die Angst als ständigen Begleiter haben.«

Ich erlebte es jetzt in der Meditation als einen gravierenden Unterschied, ob ich mir dachte: »Ich habe Angst« oder »Ich denke, dass ich Angst habe!«. Indem ich immer wieder versuchte, meine Gedanken zu benennen, lernte ich mit der Zeit, dass wir Gedanken *haben*, aber diese Gedanken nicht *sind*. Irgendwann können wir dann im Kopf eine kleine Unterbrechung in der Identifikation schaffen und den entsprechenden Gedanken ziehen lassen. Dies ist ein so wohltuender Moment! Dann beginnt die Überlagerung durch die Gefühle dahinzuschwinden und übrig bleiben ein einfacher Gedanke, der wie eine Wolke weiterzieht, und die Erfahrung, dass wir die Wahl haben, uns nicht mit ihm zu verbinden. Aber solange wir glauben, dass unsere Gedanken die Realität ausmachen, sind sie federführend und nicht wir. So lange werden die Gedanken uns beherrschen, statt wir sie. Unsere Gedanken bestimmen auch die Sicht auf unser Leben und beeinflussen maßgeblich, wie wir uns selbst und andere Menschen sehen.

Übung: Gedanken zählen

Versuchen Sie, ein oder zwei Minuten lang Ihre angstvollen Gedanken zu zählen. Bleiben Sie ganz ruhig sitzen und warten Sie auf die Gedanken wie die Katze vor dem Mauseloch. Beobachten Sie einfach wertfrei, was passiert.

Oft reichte in der Meditation die Erinnerung an ein einziges Wort wie Netzhautablösung oder an einen scheinbar kritischen Blick meines Hausarztes, um mein Gedankenkarussell im Kopf in Gang zu bringen, und schon war sie wieder da, die Angst vor einer möglichen Augenkrankheit. Die Meditation war hier besonders hilfreich, um zu erkennen, wie genau so etwas vonstattengeht. Dadurch, dass mein Körper während der Meditation ruhig war, konnte ich all das viel besser beobachten. Ich wurde zu meinem eigenen Inneren Beobachter, trat einen Schritt zurück, betrachtete aus einem gewissen Abstand heraus alles, was geschah. Dadurch erkannte ich, wie schnell wir uns mit unseren Gedanken, Gefühlen und den daraus resultierenden Geschichten identifizieren, wie wir automatisch auf sie reagieren. Wir halten sie für Realität und bekommen gar nicht mit, dass wir einfach nur ruhig und unbeweglich auf einem Meditationskissen sitzen.

Durch den Buddha lernte ich, dass es gar nicht darum geht, dass wir alle negativen Gedanken »wegmeditieren«, sondern dass wir lernen, uns nicht mehr ganz so lange an ihnen festzuklammern. Das Leben ist, wie es ist. Und das Leben wird auch so bleiben. Mit all seinen Schwierigkeiten, schönen Phasen, Herausforderungen. Aber die Zeitspannen, in denen wir uns innerlich von diesen Ereignissen erdrückt oder überwältigt fühlen, können kürzer werden, wenn sie uns gedanklich nicht gefangen nehmen. Egal, was im Außen passiert, wahre Freiheit finden wir nur in uns.

Um Abstand von der Identifikation mit den Gedanken zu bekommen, empfiehlt sich die nachfolgende Meditation, die mir persönlich sehr half.

Weder positive noch negative Gedanken sind in Stein gemeißelte Wahrheiten. Sie sind lediglich Produkte unseres Geistes. Wie hilfreich der Körper dabei ist, dass wir uns von den Gedanken befreien, erklärte mir Ursula Richard in einem Gespräch: »Indem ich immer wieder zur

> ## Übung:
> ## Das Gedankenkarussell benennen
>
>
>
> Setzen Sie sich bequem hin und achten Sie darauf, dass Ihre Wirbelsäule aufrecht ist. Konzentrieren Sie sich auf Ihren Atem und verankern Sie sich nach Möglichkeit durch den Atem in Ihrem Körper.
> Wenn Gedanken Sie wegtragen und Sie dies bemerken, holen Sie sich wieder zur Meditation zurück. Bleiben Sie mit Ihrer Aufmerksamkeit beim Atem. Sobald Sie bemerken, dass ein Gedanke aufgetaucht ist, benennen Sie ihn innerlich, zum Beispiel mit »denken«. Wenn Sie darin geübter sind, können Sie die Gedanken auch differenzierter benennen, wie zum Beispiel mit »grübeln« oder »erinnern« oder »zweifeln« etc. Wenn Sie sich wieder in Geschichten zu den Gedanken verlieren und dies bemerken, holen Sie sich wieder zur Atmung zurück, verankern Sie sich im Körper und richten Sie Ihre Aufmerksamkeit so lange auf den Atem, bis Sie wieder einen Gedanken wahrnehmen. Praktizieren Sie dies so lange, wie Ihre Meditation dauert. Je regelmäßiger Sie diese Meditation machen, desto geübter werden Sie selbstverständlich im bewussten und achtsamen Umgang mit Ihren Gedanken.

körperlichen Erfahrung zurückkehre, kann ich mich im Körper verankern, und versuche dann, immer wieder bei der körperlichen Erfahrung zu bleiben. Dann ist da kein Raum mehr für die Gedanken. Der Körper ist ein starker Anker für das Hier und Jetzt und ermöglicht es, präsent im Moment zu sein, den Gedanken nicht nachzugeben, ihnen aber auch nicht zu entfliehen. Ich könnte ja auch mehr versuchen, mir schöne Gedankenwelten zu kreieren. Das habe ich aber nie gemacht. Ich kenne es so, in die Erfahrung zu gehen, die Erfahrung wahrzunehmen und die Gedanken, die sich an die Erfahrung binden, loszulassen.«[45]

Nach Hause kommen

Wir werden nicht aufhören zu entdecken.
Und am Ende all unseres Entdeckens
werden wir dort anlangen,
wo wir ausgezogen sind,
und werden zum ersten Mal
den Ort erkennen.   T. S. Eliot

Es war noch etwas anderes, was mich bewog, mich während meiner Erkrankung intensiver dem Buddhismus zuzuwenden: das Wissen, dass jeder von uns eine unzerstörbare Buddha-Natur besitzt, die unter anderem auch als der Edle Innere Kern oder als Reines Bewusstsein bezeichnet wird. Ich selbst hatte dieses Bewusstsein im Verlauf meines Lebens mehrfach erfahren. Mal in der Natur, mal in Retreats, bei denen ich mit einem Koan, d.h. einer paradoxen Frage, gearbeitet hatte. Der Koan lautete: »Wer bin ich?« Manchmal auch während der Liebe. Wann immer es passierte, war ich mit einem Ort in mir in Kontakt gekommen, an dem die Angst keinen Platz hat, an dem es weder ein Ich noch ein Du gibt. Ein Ort, der unsterblich ist. Ein Ort, an dem nur Frieden herrscht. Somit wusste ich, dass es sich bei der Essenz der buddhistischen Lehre nicht um ein leeres Heilsversprechen handelt, sondern um etwas, was mir tatsächlich innewohnt.

Das erste Mal hatte ich dies zufällig in Indien erfahren, und zwar, als ich 1990 eine der berühmten Backwater-Touren durch die Palmenwälder im südindischen Kerala unternahm. Zusammen mit vielen Indern und ausländischen Touristen fuhr ich auf einem heruntergekommenen, verrosteten Frachtboot stromabwärts. Wir waren bereits den ganzen Tag auf dem Kahn unterwegs, und die Natur hatte uns reichlich mit unvergesslichen Eindrücken verwöhnt: malerische, grüne Kokoshaine, so weit das Auge reichte. Das Boot legte an jedem noch so kleinen Ort inmitten der scheinbar unberührten Natur an, um Fahrgäste aussteigen zu lassen oder neue aufzunehmen. Wir sahen indische Kinder am Ufer, die halbe Kokosnussschalen in kleine Boote verwandelt hatten und bei ihrem Spiel mit den Booten tief in ihre eigene Welt eingetaucht waren. Auch würdevoll anmutende junge und alte Frauen in bunten Saris, die trotz offensichtlicher Armut Stolz in den Augen trugen, faszinierten mich an diesem Tag meiner mehrmonatigen Indienreise besonders. Mich verzauberte der Duft des Kokosöls, den der Wind zu uns aufs Boot trug. Und auch das Rauschen der Palmen und die Vögel, die in ihren bunten Federkleidern durch die Bäume flogen und hier und dort aus dem Laub wieder auftauchten, zogen mich in ihren Bann. Vom Deck des Bootes aus schaute ich in die untergehende Sonne, die langsam in die Reisfelder, die wir mittlerweile passierten, einzutauchen schien. Ich war hingerissen von dem Farbenspiel, welches mir der Horizont bot. Rot-orange-gelb-golden färbte sich der ganze Himmel und tauchte alles in ein weiches Licht.

Ich saß da, und plötzlich, von einem Moment auf den anderen, erfuhr ich, dass ich mit allen Dingen und allen

Wesen – egal ob materiell oder feinstofflich – auf diesem Planeten und in diesem Universum eins war, bin und bleiben werde. Und dass ich untrennbar mit allem verbunden war, bin und bleiben werde. Ich überschritt die Begrenzung meines eigenen kleinen Alltagsbewusstseins, meines begrenzten Ich, durch das ich mich selbst bis dahin immer von allem getrennt erlebt und gefühlt hatte. Ich war eins mit jedem Baum, jedem Wassertropfen, jedem Vogel und jedem Felsen und mit jedem Menschen – egal wie dreckig, sauber, gut, böse oder alt diese auch sein mochten. Es gab kein Ich mehr und auch kein Du. Das Gestern verschmolz mit dem Heute und dem Morgen. Alles, was auch nur den Anschein einer Trennung gehabt hatte, hatte sich aufgelöst und war zu einer Einheit geworden. Plötzlich wusste ich so vieles. Ich verstand es nicht. Ich wusste es. So, als wäre mir das Wissen aller heiligen Schriften von einem Moment auf den anderen zuteilgeworden. Ich wusste, dass alles miteinander eine Koexistenz bildet, alles miteinander verbunden ist und nichts unabhängig voneinander existiert. Und dann, als mich plötzlich ein Mann ansprach, war sie vorbei, diese existenzielle Erfahrung. Und dennoch hatte diese Erfahrung meine Sicht auf mich selbst, mein Leben und andere Menschen in einem Maße verändert, wie dies bei keiner anderen Erfahrung zuvor in meinem Leben geschehen war. Zum Beispiel nahm ich andere Menschen bewusster wahr. Ich erkannte, dass ihr Leid auch meines ist und dass das, was ich anderen Wesen oder der Erde antue, ich mir letztendlich selbst zufüge.

Die heilende Wirkung
des reinen Bewusstseins

In den Yogalehrer-Ausbildungen spreche ich auch immer wieder von dieser Erfahrung, denn es liegt mir am Herzen, den zukünftigen Yogalehrern von diesem reinen Bewusstsein zu erzählen. Viel zu sehr sind wir alle mit unserem Ich, unseren Rollen als Mann, Tochter, Ehefrau, Manager, Rentner, Versager oder »Überflieger« identifiziert. Viel zu häufig leiden wir alle unter dem Gefühl der Isolation und Einsamkeit. Dabei wissen die meisten Menschen nicht, dass es hinter all diesen Rollen und unter all der Einsamkeit einen unendlich weiten Bewusstseinsraum gibt, der uns eigentlich ausmacht und miteinander verbindet.

Auch in meinen Gesprächen, die ich während meiner Erkrankung mit Buddhisten gezielt zum Thema Angst führte, hörte ich, wie hilfreich das Wissen um den Inneren Edlen Kern, das Nicht-Ich ist. So erzählte zum Beispiel Ursula Richard: »Während meines Studiums entwickelten sich bei mir Panikattacken. Ich habe eine Therapie gemacht, die nicht viel verändert hat. Dann bin ich nach Sri Lanka gefahren. Dort haben meine Freundin und ich an dem Retreat eines australischen Mönchs teilgenommen, der viel über die Vorstellung vom Nicht-Ich gesprochen hat. Und das hat für mich eine befreiende Erfahrung mit sich gebracht: Wenn dieses Ich gar nicht existiert, wie ich mir das immer vorgestellt habe und um das herum alles bei mir angstvoll kreist, dann brauche ich keine Angst mehr zu haben. Ich sah auf dem Rückflug zum ersten Mal, dass außer mir da noch viele andere Menschen waren, die auch leben, glücklich und angstfrei sein wollten. Dieses Gefühl der Verbundenheit nahm mir die Angst, da war dieses panisch um sich besorgte Ich verschwunden (zumindest zeitweise).«

Eine Geschichte, die ich eines Nachts während meiner Erkrankung, als mich die Angst wieder einmal nicht schlafen ließ, auf meinem iPhone hörte, berührte mich sehr. Es war jene Geschichte über Wat Traimit, einen Tempel, den die Touristen meist als »Tempel des Goldenen Buddha« bezeichnen. Diese Buddha-Statue wurde vor mehr als 700 Jahren gefertigt und befand sich früher wahrscheinlich im Königreich Sukhothai. Als ein anderes Königreich mächtig genug geworden war, sich im 15. Jahrhundert Sukhothai untertan zu machen, baute man einen Gipsmantel um die Buddha-Statue, die mehr als drei Meter hoch ist und aus rund 5,5 Tonnen Gold besteht. Die Statue im Gipsmantel wurde 1935 in den Wat Traimit nach Bangkok überführt, ohne dass man um den materiellen Wert der Statue wusste. Als im Jahre 1955 umfangreiche Bauarbeiten auf dem Tempelgelände durchgeführt wurden, riss der Gipsmantel auf, und man entdeckte den Goldenen Buddha.

Jene Geschichte berührte mich deshalb sehr, weil sie mir verdeutlichte, dass auch ich meinen eigenen imaginären Gipsmantel aus Angst aufbrechen musste, um wieder Zugang zu meinem eigenen Goldenen Buddha, meinem eigenen reinen Bewusstsein zu bekommen. Dieses Bewusstsein bleibt von unserer Biografie, unseren körperlichen Empfindungen, unseren Gefühlen und Gedanken unberührt. Es ist jener unendliche Raum in uns, an dem alles Platz hat, selbst die Angst. »Dieser Ort ist weit und klar und still«, weiß die Münchner Ärztin Franziska Rauch. »Der Fokus ist nicht mehr um das Objekt der Angst gekrampft, sondern das Objekt mag noch da sein im Geiste, aber da sind ganz viel Weite und Getragensein drum herum. Diese Weite und dieses Getragensein sind viel größer und mächtiger als die Angst oder das Objekt der Angst.«[46]

Franziska Rauch gelingt es immer wieder, ihre Patienten mit diesem Ort in Kontakt zu bringen: »Meine Patienten kommen in mehreren Schritten dorthin. Der erste Schritt ist, die Angst als solche als anwesend zu akzeptieren und sie wirklich zu fühlen. Der zweite Schritt ist, tief in dieses Gefühl hineinzutauchen und in der Mitte des Gefühls das zu entdecken, was von allem Kommen und Gehen, Entstehen und Sterben unberührt ist. Bei manchen Menschen fühlt sich dieser zweite Schritt etwas anders an: Man fühlt die Angst ohne Wiederholung der Geschichte, und dann ist es, als ob der Fokus sich weitet und man mehr und mehr die Weite, in der alle Gefühle, Gedanken und Sensationen geborgen sind, wahrnehmen kann. Wie in dem Zitat von Padmasambhava: »Im unendlichen Mandala des Geistes haben alle Gedanken und Emotionen leicht Platz. Sie haben leicht Platz und da ist immer noch Weite.« Der dritte Schritt heißt Übung. Wenn wir einmal diesen Ort kennen, dann ist es an uns, uns wieder und wieder daran zu erinnern und uns dorthin zurückzuverbinden, insbesondere auch mitten in schwierigen oder angstbesetzten Situationen. Bis im vierten Schritt eine gewisse Stabilität des Erfahrens der Weite und Geborgenheit im Raum erreicht ist.«[47]

Von der heilenden Wirkung um das Wissen dieses Bewusstseins erzählte mir auch der Psychotherapeut Matthias Ennenbach, der hier das Symbol des Inneren Edlen Kerns verwendet: »In der Therapie ist es ein sehr wichtiger erster Schritt, den Patienten das Bild vom Inneren Edlen Kern zu vermitteln. Dieses Bild zeigt, dass in jedem

Menschen etwas Heiles da war, da ist und immer da sein wird. Hier besteht ein großer Unterschied zur westlich psychiatrischen Sicht, die sehr stark davon ausgeht, dass eine Struktur gestört wurde und dieses innere Korsett deformiert wurde und infolgedessen im Inneren nichts mehr heil ist bzw. nur noch sehr wenig da ist.«[48]

Im Kino

In solchen Momenten, in denen ich in den letzten 20 Jahren mit dem reinen Bewusstsein in Kontakt gekommen war, war es immer wieder faszinierend zu erfahren, dass es etwas in mir gibt, das nicht unterscheidet, nicht wertet und keine Angst hat. Als meine Angsterkrankung ausbrach, war ich allerdings so identifiziert mit meinem wertenden, angstbesetzten Verstand, dass ich überhaupt keinen Zugang mehr dazu hatte. Die Angst hatte mich in ihren Klauen, und dabei fühlte ich mich wie in einem schlechten Film.

»Das Leben ist eine Bühne«, wusste bereits Shakespeare, und moderne buddhistische Lehrer arbeiten ebenfalls gerne mit dem Bild eines Kinobesuchs, um aufzuzeigen, wie es sich mit unserem reinen Bewusstsein in Bezug auf unser Ich verhält. Wir sitzen in einem Kino, sind vollkommen vertieft in den Film, in dem wir die Hauptrolle spielen. Plötzlich klopft uns ein spiritueller Lehrer auf die Schulter und fordert uns auf, einen Blick nach hinten auf die der Leinwand gegenüberliegende Wand zu richten. Tun wir das, stellen wir fest, dass das, was wir die ganze Zeit gesehen haben, nur ein Film ist, zusammengesetzt aus einer Ansammlung von einzelnen Bildern und durch das Licht des Projektors auf die Filmleinwand geworfen. Das klare und strahlende Licht, so Jack Kornfield, wird von den Bildern eingefärbt. Doch seine wahre Natur ist rein und unwandelbar. Mitunter gibt es Lücken in der Handlung. Vielleicht wird uns langweilig. Wir erinnern uns, dass wir in einem Film sitzen.[49]

Zu Beginn meiner Erkrankung war die Vorstellung, dass ich im Kino sitze, für mich kein Trost. Ich war nicht in der Lage, zu abstrahieren. Ich war außerstande, auch nur eine einzige Lücke zwischen meinen eigenen Gedanken zu erleben. Ich war paralysiert von dem visuellen Phänomen vor meinen Augen und starrte Nacht für Nacht wie gebannt auf die Leinwand, auf der sich nichts anderes zeigen wollte als Tausende von flackernden Punkten.

Alles braucht Zeit

Es dauerte einfach Monate, bis die Lücken in meinem Gedankenstrom größer wurden und ich wieder häufiger in Kontakt kam mit meinem reinen, nicht wertenden Bewusstsein. Hier war einfach stets aufs Neue die Praxis des Mitgefühls und der Geduld gefragt. Zuerst waren es nur Momente, in denen ich plötzlich wieder den Raum spürte, der hinter dem Drama liegt. Jack Kornfield erinnerte mich daran, dass »jeder von uns ein weises Herz hat, wir aber lediglich den Kontakt dazu verloren haben.« Diese Momente passierten in der Natur, beim Gehen, bei der Praxis der Achtsamkeit oder dann, wenn ich die Hoffnung schon aufgegeben hatte, jemals wieder Zugang dazu zu finden. Es geschah auch dann, wenn ich Belehrungen hörte, bei denen es um eben dieses Bewusstsein geht. In solchen Momenten erlebte ich das Prinzip der Resonanz, nach welchem Gleiches Gleiches anzieht. Gemeint ist, wenn sich zum Beispiel zwei Violinen in einem Raum befinden und man eine Saite auf der ersten Violine anklingen lässt, auf der anderen Violine die Saite in dem gleichen Ton ins Schwingen gerät. So erlebte auch ich es, dass zwar ein Teil in mir immer noch erfüllt war von einer tiefen Angst, gleichzeitig jedoch ein anderer Teil in mir in Resonanz ging mit den Worten, Aussagen und Schwingungen der buddhistischen Belehrungen über das reine Bewusstsein. Es waren Momente, in denen ich endlich wieder entspannen und loslassen konnte. »Diese Lücken«, so meint der buddhistische Lehrer Chögyam Trungpa, »sind wirklich erfreulich!« Das konnte ich aus ganzem Herzen bestätigen! Ja, solche Momente wurden der Schlüssel zu meiner Freiheit. »Sie werden frei sein«, sagt Nisargadatta Maharaj, »wenn Sie erkennen, dass das reine BEWUSSTSEIN, das genau jetzt lauscht, Ihre wahre Natur ist.« Und auch dieser Aussage konnte ich nur beistimmen.

In der Zeit meiner Erkrankung gelang es mir, durch dieses Bewusstsein und in diesem Bewusstsein wieder leichter zu leben, nicht permanent an meiner Angst zu leiden. Das Wissen um dieses Bewusstsein half mir, mit meinen eigenen Ängsten besser umzugehen, manche zu überwinden und die meisten von ihnen mit in den offenen Raum des klaren Bewusstseins hineinzunehmen. Dadurch konnte ich auch auf einer tieferen Ebene noch einmal besser verstehen, wie mein Geist funktioniert und wie es sich mit den Gedanken, Gefühlen und Körperempfindungen verhält. Frei von Raum und Zeit besteht unser reines Bewusstsein unabhängig von jedem Objekt und jedem Inhalt wie zum Beispiel der Angst. Deshalb bezeichnet die buddhistische Psychologie das Bewusstsein zunächst als »das, was weiß«, was also die Erfahrung macht – unabhängig von Raum und Zeit, unabhängig von Alter und Geschlecht, unabhängig von Angst und Freude, unabhängig von körperlichen Empfindungen, Gedanken und Gefühlen. Der Körper unterliegt dem linearen Raum-Zeit-Erleben, das reine Bewusstsein ist frei davon. Deshalb fühlen wir uns oft viel jünger, als wir aussehen oder faktisch sind.

Normalerweise nehmen wir unser Bewusstsein als etwas Selbstverständliches hin. Jack Kornfield erklärt, dass wir uns permanent auf die Inhalte unserer Erfahrungen konzentrieren, darauf, was in unserem Körper geschieht, auf unsere Gefühle und unsere Gedanken. Eigentlich ist es aber so, dass das Bewusstsein jedes Mal, wenn wir uns bewegen, zuhören, etwas denken oder wahrnehmen, Eindrücke aufnimmt. Bevor wir die Natur und die Funktion des Bewusstseins nicht durchschaut haben, können wir nicht weise leben.[50] Uns ergeht es hier ähnlich wie dem Fisch, der das Wasser, in dem er schwimmt, nicht wahrnimmt. Der einzige Unterschied zwischen ihm und uns besteht darin, dass wir als Menschen die unendlich große Chance haben, durch unsere Fähigkeit der Selbstreflexion den Weg zurück zu diesem reinen Bewusstsein, den Weg zurück nach Hause zu finden.

In den Momenten, in denen es mir gelang, meine Aufmerksamkeit weg von der Erfahrung hin auf den weiten Raum des Bewusstseins zu lenken, in dem sie stattfand, erlebte ich immer wieder, dass dort alles Platz hat, ohne dass es mich beunruhigte oder bedrohte. Ich konnte endlich wieder entspannen, mich in diesem Raum ausruhen und gleichzeitig Kraft schöpfen. Ich konnte die Erfahrung des reinen Bewusstseins *und* der Angst gleichzeitig machen. Die Fähigkeit zum Gewahrsein und die Fähigkeit, die Angst zu beobachten, ohne mich in die Erfahrung verwickeln zu lassen, ohne zu bewerten, waren für mich dabei immer wieder befreiend und heilsam zugleich und zeigten mir auf, dass es nur mein Geist ist, der aus den Erfahrungen etwas macht. »Wenn der Geist keine Unterscheidungen trifft, dann sind die zehntausend Dinge, wie sie sind, aus einer Essenz«, schreibt der Zen-Lehrer Dennis Genpo Merzel[51], und der Buddha lehrte: »Gewahrsein ist durch und durch nützlich«, weil es uns dabei hilft, dahin zu kommen, keine Unterscheidungen mehr zu treffen.

Ein gesundes Ich und das reine Bewusstsein

Besonders durch meinen achtsamen Atem gelang es mir im Verlauf der Monate immer wieder – manchmal für Momente, manchmal auch länger –, im reinen Bewusstsein zu ruhen. In jenen Momenten waren meine Erfahrung und Wahrnehmung weit wie der Raum, und gleichzeitig war ich sehr präsent und achtsam bei dem, was gerade geschah – ohne Schutzwall, ohne das Gefühl, auf der Hut vor irgendetwas sein zu müssen. Damit spürte ich eine ganz natürliche Verbindung mit meinem Herzen und dem Leben gleichermaßen. Dadurch wurde es mir immer wieder möglich, die Situation und das nächtliche Flimmern anzunehmen und mit ihm im Reinen zu sein. Dies gelang und gelingt mir natürlich nicht durchgängig, aber immer wieder, und dadurch kann ich die Situation besser annehmen, ohne mich vollkommen in ihr zu verfangen – oder allzu lange darin zu verweilen.

Das Wissen um dieses reine Bewusstsein, das von Ängsten unberührt bleibt und in dem auch die Angst ihren Platz hat, war und ist für mich selbst stets aufs Neue sehr heilsam. Gleichzeitig musste ich mich während der akuten Phase meiner Erkrankung auch ganz gezielt um die Stabilisierung meines Ichs kümmern. Jeder Mensch braucht ein gesundes Ich. Während ich früher immer eine große Sehnsucht danach hatte, mein Ich vollkommen aufzulösen, um in einer harmonischen Verschmelzung mit dem Rest der Welt aufzugehen, ging es bei mir durch die Angsterkrankung zunächst einmal darum, mein Ich zu stabilisieren und die Ursachen meiner Ängste zu finden. Früher hatte ich geglaubt, es ginge nur um die Überwindung des Ichs. Durch die Ängste, die durch meine Erkrankung aufgebrochen waren, wurde mir noch einmal bewusst, dass es als Allererstes eine Stabilisierung des eigenen Ichs und eine Integration all unserer Anteile braucht. Egal, wie schmerzvoll dieser Prozess auch sein möge.

Im Unterschied zur westlichen Psychologie ist es im Buddhismus mit der normalen Entwicklung aber noch nicht ganz getan, denn der Buddhismus geht davon aus, dass wir spirituelle Wesen sind, die eine menschliche Form angenommen haben. Das bedeutet, dass wir unsere Kontonummer genauso kennen sollten wie unsere Buddha-Natur. Diese Buddha-Natur strebt ein gesundes Ich an, das in der Lage ist, einer Arbeit nachzugehen, eine Beziehung zu führen und den Alltag zu managen, die eigenen Schattenseiten zu integrieren und bei alldem stets im reinen Bewusstsein verweilt. »Gestehe deine verborgenen Schwächen ein. Nähere dich dem, was du abstoßend findest. Hilf denjenigen, denen du nicht helfen zu können glaubst. Woran immer du hängst, lass es los. Geh an die Orte, die du fürchtest«[52], lauten die Ratschläge des Meisters für seine Schülerin, die tibetische Yogini Machik Labdrön. Mir verdeutlichten sie, dass ich den spirituellen Weg nicht ohne ein gesundes Ich zu Ende gehen konnte. Andernfalls würde ich etwas Wesentliches auslassen. Mich selbst. Jetzt half mir das Wissen um mein reines Bewusstsein dabei, mich in seinem Schutze noch einmal intensiver und tief gehender als früher mit meinen eigenen Ängsten und den dahinterliegenden Ursachen auseinanderzusetzen, um so zu innerer Ganzheit und Harmonie zu gelangen. Erst jetzt realisierte ich, dass ich ohne diese grundlegende Heilung von meinen Ängsten keine tieferen Ebenen der spirituellen Praxis erreichen konnte. Und erst jetzt verstand ich, warum ich bis dahin all die tiefen Erfahrungen des reinen Bewusstseins nicht hatte in mein Leben integrieren können.

Früher hatte ich unbewusst immer gedacht, ich könnte mich über die Probleme und Schwierigkeiten, die meine Contergan-Erkrankung mit sich gebracht hatte, erheben und in einem spirituellen Bereich voll göttlicher Freuden landen, in dem es nur Harmonie und Liebe, aber keine Ängste und keine Verletzungen gäbe. Auch wenn ich manche Techniken kannte, die mich zeitweilig beflügelten, so kamen die Ängste doch immer wieder. Unter alldem lagen jene unbearbeiteten Probleme meines Körpers und Herzens, die ich gehofft hatte durch Erleuchtung umgehen zu können. Ich wusste, dass ich, um auf dem spirituellen Pfad weitere Tiefe zu erfahren, das Ausmaß meiner eigenen Verletzungen erkennen musste, all den Schmerz, den ich aus meiner Kindheit mitgebracht hatte und all den geheimen Kummer, der dadurch entstanden war.

All diese Gefühle existieren genauso wie das reine Bewusstsein und wollen genauso beachtet werden wie dieses reine Bewusstsein, auch wenn wir auf einer gewissen Ebene nicht unsere Körperempfindungen, Gedanken und Gefühle sind. Auf einer ganz bestimmten Ebene sind wir es dennoch! Erst jetzt erfuhr ich, dass diese Heilung unbedingt notwendig war, um all die spirituellen Erkenntnisse, die ich im Laufe der letzten Jahre gesammelt hatte, in das alltägliche Leben integrieren zu können. »Unbearbeiteter Schmerz, gespeicherte Wut, die aufgelösten Traumata des misshandelten oder vernachlässigten Kindes sind mächtige unbewusste Kräfte in unserem Leben«, schreibt Jack Kornfield. »Solange wir unsere alten Verletzungen nicht erkennen, spüren und verstehen, wiederholen wir immer wieder ihre Muster des unerfüllten Verlangens, des Ärgers und der Verwirrung.«[53]

Tiefe Heilung findet immer wieder neu statt. Es ist ein langer Weg. Es ist ein abwechslungsreicher Weg, auf dem mal die Achtsamkeit, mal die Geduld und dann wieder das Leben mit all seinen unvorhersehbaren Ereignissen das Tempo bestimmen. Aber die Heilung findet immer dann statt, wenn ich mich mir selbst und all den bislang nicht integrierten und teilweise traumatisierten Anteilen meines Ich voller Mitgefühl zuwende. »Es ist nicht das Vollkommene, sondern das Unvollkommene, das unserer Liebe bedarf.« Es war nicht mein reines Bewusstsein, das in dieser Zeit meines Lebens meine Aufmerksamkeit brauchte, sondern all die alten Verletzungen, die sich durch die Angst Aufmerksamkeit verschaffen wollten.

In diesen Monaten lehrte der Buddha mich, dass der wichtigste Teil des spirituellen Lebens nicht darin besteht, großartige transzendentale Erfahrungen zu machen, sondern darin, sich selbst mit allen lichtvollen und dunklen Seiten inklusive der Ängste anzunehmen. Je mehr Aufmerksamkeit ich diesen dunklen Seiten schenkte, ohne mich mit einem Aspekt wieder vollkommen zu identifizieren, desto schneller kam ich mit meinem eigenen reinen Bewusstsein wieder in Verbindung

Die Heilung von der Angst ist ein komplexer Vorgang, der alle Ebenen meines Daseins durchzieht, die alltäglichen genauso wie die spirituellen. Mal ist es die Hinwendung zu meinem reinen Bewusstsein in der Meditation, die mich daran erinnert, dass nichts wirklich stirbt und nichts Angst haben muss. Dann braucht es wieder die Beschäftigung mit meinem Körper, meinen Gefühlen und meinen Gedanken, um erneut auftauchende Ängste zu bewältigen. Alles fließt ineinander. Nichts kommt ohne das andere aus. Ein Kreislauf, der niemals enden wird.

Anhang

Der Buddha und die Neurowissenschaft

Im Laufe der letzten Jahre ist die heilende Wirkung von Meditationen immer mehr in der spirituellen Praxis in den Vordergrund und somit ins Bewusstsein der Menschen gerückt. Auch ich konnte spüren, wie positiv es sich auf mein Gehirn und meinen Geist auswirkte, wenn ich regelmäßig bestimmte Meditationen ausübte. In den letzten 20 Jahren wurden zahlreiche Meditationen entwickelt, die darauf angelegt sind, eine heilsame Geisteshaltung zu stärken und zu fördern, indem bestimmte Gehirnareale aktiviert und gestärkt werden. Aus diesem Grund möchte ich im Folgenden einige praktische Tipps zur Durchführung dieser Meditationen geben.[54]

Je häufiger diese Meditationen ausgeführt werden – und dies gilt auch für die Praxis der Achtsamkeit, des Mitgefühls, der Geduld etc. –, desto schneller und andauernder werden im Gehirn positive Veränderungen vorgenommen, die dazu führen, dass auch unser Geist schneller verschiedene Aspekte des Glücks und Wohlbefindens abrufen und halten kann und zugleich angsterzeugende Gefühle minimiert werden. Dieser Prozess führt letztendlich dazu, dass wir besser auf uns achtgeben und eine intensivere, regelmäßigere, vielleicht sogar tiefere Meditationspraxis erleben, was sich natürlich sehr schnell positiv auf unseren

Alltag auswirkt und uns in der Gänze entspannter werden lässt.

Vorbereitende Schritte für eine Atemübung und eine Meditation

Bei den hier vorgestellten fünf Schritten handelt es sich um eine allgemeine Anweisung mit verschiedenen Vorschlägen, wie Sie die Meditation am besten einleiten. Diese Vorschläge sind grundlegend für die Meditation, weil sie auf der Funktionsweise unseres Gehirns basieren.

1. Formulieren Sie als ersten Schritt eine Absicht für Ihre Meditation

Hier zwei Vorschläge für eine mögliche Absicht, die Sie entweder verbal oder nonverbal formulieren können.

- Möge diese Meditation meine Angst besiegen.
- Möge diese Meditation mir inneren Frieden bringen.

Wirkung auf unser Gehirn: Indem Sie eine Absicht für diese Meditation festlegen, werden bestimmte Regionen im Gehirn – nämlich im Frontallappen – dazu angeregt, die orientierenden und vorbereitenden Nachrichten an das gesamte Gehirn zu schicken und ein Ziel zu formulieren, das einen andauernden Zustand für den ganzen Organismus darstellen könnte.

2. Entspannen Sie Ihren Körper

Entspannen Sie Ihren Körper, indem Sie zum Beispiel bis vier zählen und dabei einatmen. Atmen Sie dann aus und zählen Sie dabei bis acht. Halten Sie nach dem Ausatmen einen Moment die Luft an. Machen Sie sich bewusst, wie die Anspannung nun aus Ihrem Körper weicht.

Wirkung auf unser Gehirn: Die Entspannung des Körpers aktiviert den Parasympathikus. Er ist der beruhigende Gegenspieler zum Sympathikus, der auf Angriff oder Flucht programmiert ist.

3. Suchen Sie sich einen sicheren Ort

Stellen Sie sich, so gut es Ihnen eben möglich ist, vor, dass Sie in Sicherheit sind, das heißt, an einem Ort, an dem Sie sich besonders sicher fühlen. Es kann aber auch die Gegenwart von Menschen sein, die Ihnen ein sicheres Gefühl vermittelt oder die es Ihnen ermöglicht, sich zu entspannen und Ihre Aufmerksamkeit nach innen zu richten.

Wirkung auf unser Gehirn: Wenn Sie sich ein intensiveres Gefühl der Sicherheit vorstellen können, dann beruhigen Sie Ihr Gehirn. Denn normalerweise suchen wir aufgrund der natürlichen Evolution permanent den Horizont nach Gefahren ab und bei der geringsten Bedrohung wird unser Gehirn aktiv. Die Bedrohung muss sich aber nicht nur auf äußere Gefahren beziehen, damit können auch Ängste, ungute Gefühle oder innerer Schmerz gemeint sein. Im ursprünglichen Sinne fanden Meditationen an einem abgeschiedenen Ort statt. Häufig ist es der Fuß eines Baumes, wobei der Rücken des Meditierenden an den Baumstamm gelehnt ist. Das Gefühl von Sicherheit sollte hier Ihren eigenen Ansprüchen entsprechen. Gehen Sie deshalb auch mit Ihrem Gefühl.

4. Vergegenwärtigen Sie sich positive Gefühle

Versuchen Sie, in Kontakt mit einem positiven Gefühl zu kommen. Das wären zum Beispiel Mitgefühl, innerer Frieden oder ein Gefühl der Dankbarkeit für all die positiven Dinge, die in Ihrem Leben passieren. Oder auch ein Gefühl der tiefen Liebe zu einem Menschen. Wenn Sie positive Gefühle heraufbeschwören, dann hat das bereits eine wohltuende Wirkung auf Ihr Gesamtsystem. Positive Gefühle wirken sich sowohl auf unsere geistige Gesundheit als auch auf unser körperliches Wohlempfinden aus. Sie vermitteln uns das Gefühl, in der Welt und in uns zu Hause zu sein. Sie tun uns einfach gut.

Wirkung auf unser Gehirn: Positive Gefühle stärken nachweislich die Dopaminausschüttung im Gehirn. Dopamin ist auch dafür zuständig, dass wir nicht auf jeden neuen Reiz reagieren. Das führt dazu, dass wir mit unserer Konzentration besser bei dem bleiben, was wir gerade tun. Die energetisierende Wirkung von positiven Gefühlen regt darüber hinaus die Produktion eines weiteren Transmitters an, des Noradrenalin, das den Geist anregt und aufheitert. Dopamin und Noradrenalin versetzen das Gehirn in die Bereitschaft, die positiven Auswirkungen der Meditation aufzunehmen, was sich wiederum auf den gesamten Organismus auswirkt.

5. Öffnen Sie sich für die positiven Auswirkungen der Meditation

Machen Sie sich ganz deutlich bewusst, wie inspirierend, heilend, wohltuend und nährend die Meditation für Sie ist. Versuchen Sie, sich mit jeder Zelle Ihres Körpers dafür zu öffnen. Stellen Sie sich auch bewusst vor, dass sich die Meditation positiv auf Ihr Gehirn und Ihren Geist auswirkt.

Wirkung auf unser Gehirn: Die eigene Öffnung für die wohltuende Wirkung der Meditation auf unser ganzes System führt dazu, dass diejenigen Schaltkreise im Gehirn angekurbelt werden, die man auch das emotionale Gedächtnis nennt. Sie formen die innere Landschaft des Gedächtnisses und färben die Gedanken und tragen dazu bei, dass die negative Tendenz unseres Denkens ausgeglichen wird.

Allein diese fünf vorbereitenden Aspekte, die Sie gut jeder Form der Atemübung oder Meditation voranstellen können, führen dazu, dass Ihr Gehirn auf ganz subtile Weise zum Positiven verändert wird und sich dadurch Ihr ganzes Nervensystem stärken kann. Und sie dienen als eine wundervolle Vorbereitung auf die folgende Atemmeditation, die Sie täglich üben können, um Ihre Angst zu überwinden.

Feines Atmen zur Beruhigung des Geistes

Diese Atemübung ist besonders beruhigend, wenn man sie abends vor dem Schlafengehen praktiziert. Die Augen können bei allen Meditationen offen oder geschlossen bleiben. Menschen mit traumatischen Erfahrungen sollten ihre Aufmerksamkeit auf eine Kerze oder einen Baum richten. Es ist sinnvoll, dass die Übungen regelmäßig gemacht werden. Dies ist anfangs nicht immer leicht. Aber es lohnt sich, denn ein Fortschritt stellt sich relativ schnell ein, und entsprechend viel Freude bereitet die regelmäßige Praxis dieser Meditationen.

- Kommen Sie in einen aufrechten, bequemen Sitz Ihrer Wahl.

- Schließen Sie die Augen (wenn Sie wollen) und lauschen Sie dem Atem.

- Versuchen Sie, den Atem allmählich länger, ruhiger und fließender werden zu lassen, indem Sie den Atem mehr und mehr entspannen.

- Atmen Sie dann langsam hoch zum Stirnraum. So, als wollten Sie einen köstlichen Duft einatmen. Lassen Sie den Atem dann wieder ganz entspannt hinausströmen.

- Fahren Sie damit fort, jeden Einatem hoch in den Stirnraum zu geleiten und Ihren Ausatem mehr und mehr zu entspannen.

- Halten Sie nun inne. Entspannen Sie Ihren Stirnraum in seiner ganzen Breite, Höhe und Tiefe – so, wie Sie ihn wahrnehmen.

- Verweilen Sie in dieser Entspannung.

- Vertiefen Sie die Atmung wieder und öffnen Sie nun die Augen.

- Legen Sie sich dann schlafen, möglichst ohne noch etwas zu lesen.

Sankalpa finden

Mit dieser Übung können Sie ein altes Muster auflösen, das Ihnen nicht mehr dienlich ist.

Mit Ihrem Sankalpa, Ihrem Entschluss, treffen Sie eine freie Entscheidung. Es kann alle Lebensthemen und Situationen betreffen. Machen Sie sich bewusst, dass es wichtig ist, die Meisterschaft über Ihr eigenes Leben zu erlangen und in Kontakt mit Ihrem reinen Bewusstsein, mit Ihrer Buddha-Natur, zu kommen und zu bleiben.

Mit Hilfe Ihres Sankalpas können Sie sich von dem lösen, was Sie bei Ihrer Entfaltung und an der Erlangung Ihrer Ziele hindert.

Formulieren Sie den Entschluss kurz, präzise und positiv.

Wenn Sie sich zum Beispiel von Angst lösen möchten, dann kann Ihr Sankalpa heißen: »Ich stelle mich mutig meinen Aufgaben.«

Das Sankalpa wirkt bereits, während Sie es das erste Mal aussprechen. Da Sie es sich auf Ihrer Alpha-Ebene einprägen, wirkt es sowohl auf Ihr Bewusstsein als auch auf die Ebenen Ihres Unbewussten.

Ändern Sie Ihr Sankalpa aber erst dann, wenn es sich verwirklicht hat.

- Setzen oder legen Sie sich bequem hin und schließen Sie die Augen.

- Nehmen Sie bewusst den Kontakt Ihres Körpers mit der Unterlage wahr und lassen Sie sich mit jedem Atemzug tiefer in die Unterlage einsinken.

- Nehmen Sie Ihren Atem wahr, ohne ihn zu beeinflussen. Ihr Atem wird Sie tiefer und tiefer führen.

- Bewusstes Ausatmen hilft Ihnen, sich von den Gedanken des Alltags zu lösen.

- Stellen Sie sich vor Ihrem inneren Auge die Zahl 3 vor: 3, 3, 3.

- Dann die Zahl 2: 2, 2, 2.

- Aktivieren Sie Ihre Vorstellungskraft, indem Sie sich die Zahl in Schwarz auf einer weißen Wand vorstellen.

- Stellen Sie sich jetzt die Zahl 1 vor: 1, 1, 1.

- Sie sind jetzt auf einer tieferen Entspannungsebene angelangt.

- Zählen Sie nun langsam von 10 bis 1 und entspannen Sie sich dabei noch tiefer.

- Sie können sich auch eine Treppe vorstellen, die Sie Stufe für Stufe nach unten gehen.

- 10, 9, 8, 7, 6, 5, 4, 3, 2, 1.

- Jetzt sind Sie auf einer tieferen und entspannteren Bewusstseinsstufe. Tiefer und entspannter als vorher.

- Stellen Sie sich so genau wie möglich einen idealen Entspannungsplatz vor.

- Suchen Sie ein Bild, eine Erinnerung, einen Satz oder ein Wort, von dem Sie sich lösen möchten.

- Formulieren Sie nun einen kurzen Satz, der die neue Qualität ausdrückt, die Sie verwirklichen möchten.

- Lassen Sie sich Zeit, bis das Gewünschte von selbst auftaucht.

- Sprechen Sie dann Ihr Sankalpa und wiederholen Sie es dreimal.

- Verlassen Sie jetzt Ihren Entspannungsplatz und kommen Sie langsam Stufe für Stufe wieder nach oben. 1, 2, 3, 4, 5, 6, 7, 8, 9, 10.

- Zählen Sie dann noch einmal von 1 bis 3. Bei 3 sind Sie hellwach und klar.

- Augen öffnen. Hellwach und klar.

- Schreiben Sie Ihr Sankalpa auf, damit Sie es nicht vergessen.

Dank

Besonders dankbar bin ich allen Menschen, die mich persönlich durch diesen tiefen Prozess begleitet haben. Ohne ihre Offenheit für mich und meine Situation hätte ich diese Krise nicht so gut meistern können.

Mein Dank gilt allen Interviewpartnern, die mir für dieses Buch mit ihren Erfahrungen und ehrlichen Antworten zur Verfügung gestanden haben.

Sabine Jaenicke und Gabriele Rieth-Winterherbst vom nymphenburger Verlag danke ich für die leichte, inspirierende und gute Zusammenarbeit.

Literatur

Allione, Tsültrim: *Den Dämonen Nahrung geben. Buddhistische Techniken zur Konfliktlösung.* Goldmann Verlag, München 2009.

Ash, Mel: *Das Zen der Gesundung, Spirituelle und therapeutische Techniken auf dem Weg von Abhängigkeit zur Freiheit.* Knaur Verlag, München 1997.

Bandelow, Borwin: *Das Angstbuch. Woher Ängste kommen und wie man sie bekämpfen kann.* rororo, Reinbek 2010.

Batchelor, Martine: *Innere Grenzen sprengen: Verhaltensmuster verändern und Gewohnheiten loslassen.* MensSana, Knaur TB, München 2009

Bays, Jan Chozen: *Achtsam durch den Tag. 53 federleichte Übungen zur Schulung der Achtsamkeit.* Windpferd Verlag, Oberstdorf 2012.

Beck, Charlotte Joko: *Zen im Alltag.* Goldmann Verlag, München 2011.

Bottini Oliver: *Das große O.W. Barth-Buch des Buddhismus.* O.W. Barth Verlag, München 2004.

Chang Garma C.C.: *Die buddhistische Lehre von der Ganzheit des Seins – Das holistische Weltbild der buddhistischen Philosophie.* O.W. Barth Verlag, München 1989.

Chödrön, Pema: *Geh an die Orte, die du fürchtest.* Arbor Verlag, Freiburg im Breisgau 2001.

Dalai Lama: *Zuflucht zur Geduld. Worte für alle Tage.* Diederichs Verlag, München 2009.

Ennenbach, Matthias: *Praxisbuch Buddhistische Psychotherapie. Konkrete Behandlungsmethoden und Anleitung zur Selbsthilfe.* Windpferd Verlag, Oberstdorf 2012.

Ennenbach, Matthias: *Buddhistische Psychotherapie. Ein Leitfaden für heilsame Veränderungen.* Windpferd Verlag, Oberstdorf 2010.

Hanson, Rick; Mendius, Richard: *Das Gehirn eines Buddha. Die angewandte Neurowissenschaft von Glück, Liebe und Weisheit.* Arbor Verlag, Freiburg im Breisgau 2011.

Hanson, Rick; Mendius, Richard: *Meditationen, um das Gehirn zu verändern. Wie wir unsere Nervenbahnen neu verdrahten.* Windpferd Verlag, Oberstdorf 2009

Hesse, Hermann: *Siddhartha. Eine indische Dichtung.* Suhrkamp Verlag, Frankfurt/M. 1972.

Iding, Doris: *Der kleine Achtsamkeitscoach.* GU Verlag, München 2012.

Iding, Doris: *Rituale fürs Alleinsein. Wege zur inneren Freiheit.* Königsfurt Verlag 2003.

Iding, Doris: *Dir muss nicht bang sein. Weisheiten über Leben und Tod.* Kösel Verlag, München 2004.

Iding, Doris: *Alles ist Yoga. Weisheitsgeschichten aus dem Yoga.* 3. Auflage Schirner Verlag, Darmstadt 2010. Nominiert zum besten Yogabuch 2010.

Iding Doris: *Quellen der Heilung: Gespräche mit Ärzten, spirituellen Lehrern.* Theseus Verlag, Berlin 2007.

Jäger, Willigis: *Suche nach dem Sinn des Lebens. Bewusstseinswandel auf dem Weg nach innen. Vorträge – Ansprachen – Erfahrungsberichte.* Verlag Via Nova, Petersberg 2003.

Jäger, Willigis: *Die Welle ist das Meer. Mystische Spiritualität.* Herder spektrum TB, Freiburg 2000.

Jäger, Willigis: *Aufbruch in ein neues Land. Erfahrungen eines spirituellen Lebens.* Herder spektrum TB, Freiburg 2003.

Kabat-Zinn, Jon: *Die heilende Kraft der Achtsamkeit.* 2 CDs und Buch. Arbor Verlag, Freiburg im Breisgau 2004.

Kabat-Zinn, Jon: *Achtsamkeit und Meditation im täglichen Leben.* 2 CDs und Buch. Arbor Verlag, Freiburg im Breisgau 2007.

Kabat-Zinn, Jon: *Zur Besinnung kommen: Die Weisheit der Sinne und der Sinn der Achtsamkeit in einer aus den Fugen geratenen Welt.* Arbor Verlag, Freiburg im Breisgau 2008.

Kaiser, Annette: *Der Weg hat keinen Namen.* Theseus Verlag, Berlin 2003.

Kapleau, Philip: *Die drei Pfeiler des Zen.* O.W. Barth Verlag, München 1994.

Kapleau, Philip: *Der vierte Pfeiler des Zen.* O.W. Barth Verlag, München 1997.

Kornfield, Jack: *Nach der Erleuchtung Wäsche waschen und Kartof-*

feln schälen: Wie spirituelle Erfahrung das Leben verändert. Kösel Verlag, München 2001.
Kornfield, Jack: *Das innere Licht entdecken. Meditationen für schwierige Zeiten.* 3 CDs. Goldmann Arkana, München 2011.
Kornfield, Jack: *Das weise Herz.* Goldmann Arkana, München 2008.
Kornfield, Jack: *Frag den Buddha und geh den Weg des Herzens.* Kösel Verlag, München 2008.
Kopp, Sheldon B.: *Trifftst du Buddha unterwegs ... Psychotherapie und Selbsterfahrung.* Fischer Taschenbuch Verlag, Frankfurt/M. 1993.
Loy, David: *Nondualität: Über die Natur der Wirklichkeit.* Krüger Verlag, Frankfurt/M. 1988
Maharshi, Ramana: *Gespräche des Weisen vom Berge Arunachala.* Ansata Verlag, Interlaken (CH) 1984.
Mannschatz, Marie: *Mit Buddha zu innerer Balance. Wie Sie aus der Achterbahn der Gefühle aussteigen.* GU Verlag, München 2011.
Merzel, D. Genpo: *Durchbruch zum Herzen des Zen.* DG Reihe 111, München 1991.
Muktananda: *Der Weg und sein Ziel. Ein Handbuch für die spirituelle Reise.* Knaur Verlag, München 1987.
Norbu, Namkhai: *Dzogchen, der Weg des Lichts.* DG 81, München 1989.
Osho: *Jenseits der Grenzen des Verstandes. Das Märchen von der Psychologie.* Osho International Foundation, Zürich 1997.
Ram Dass: *Schrot für die Mühle.* Knaur Verlag, München 1997.
Ram Dass: *Reise des Erwachens. Handbuch zur Meditation.* Knaur Verlag, München 1985.
Riemann, Fritz: *Grundformen der Angst. Eine tiefenpsychologische Studie.* München 1974
Rinpoche, Sogyal: *Funken der Erleuchtung – Buddhistische Weisheiten für jeden Tag des Jahres.* O.W. Barth Verlag, München 1998.
Russell, Peter: *Quarks, Quanten und Satori – Wissenschaft & Mystik: Zwei Erkenntniswege treffen sich.* Kamphausen Verlag, Bielefeld 2002.
Russell, Peter: *Der direkte Weg. Transzendentale Meditation nach Maharishi Mahesh Yogi.* Kamphausen Verlag, Bielefeld 2003.

Rosenberg, Larry: *Mit jedem Atemzug: Buddhas Weg zu Achtsamkeit und Einsicht.* Arbor Verlag, Freiburg im Breisgau 2002
Suzuki, Daisetz Teitaro: *Wesen und Sinn des Buddhismus.* Herder Verlag, Freiburg im Breisgau 1993.
Suzuki, Daisetz T.: *Shunyata – Die Fülle in der Leere. Essays über den Geist des Zen in Kunst, Kultur und Religion des Fernen Ostens.* O.W. Barth Verlag, München 1991.
Thich Nhat Hanh: *Das Herz von Buddhas Lehre. Leiden verwandeln – die Praxis des glücklichen Lebens.* Herder spektrum, Freiburg im Breisgau 1998.
Thich Nhat Hanh: *Das Wunder der Achtsamkeit. Einführung in die Meditation.* Theseus Verlag, Berlin 2006.
Thich Nhat Hanh: *Kein Werden, kein Vergehen. Buddhistische Weisheit für ein Leben ohne Angst.* MensSana, Knaur TB, München 2008.
Tolle, Eckhart: *Jetzt! Die Kraft der Gegenwart.* J. Kamphausen Verlag, Bielefeld 2010.
Troll, Pyar: *Reise ins Nichts. Geschichte eines Erwachens.* J. Kamphausen Verlag, Bielefeld 1999.
Troll, Pyar: *Poesie der Stille. Tanz des Lebens. Anleitungen zum Da-Sein.* J. Kamphausen Verlag, Bielefeld 2002.

Zeitschriften:

Psychologie heute compact. Heft 30 2012. Beltz Verlag, Landsberg.
Yoga aktuell. Weitere Infos: www.yoga-aktuell.de

Weitere Informationen zur Autorin und Kontaktadresse:

Mein besonderes Interesse galt immer der Frage: »Wie können wir spirituelle Erfahrungen zum Wohle aller Wesen in den Alltag integrieren?« Diese Fragestellung spielt sowohl für mich persönlich als auch bei den zahlreichen Reportagen und Interviews mit religiösen Führungsper-

sönlichkeiten und spirituellen Lehrern eine wichtige Rolle. Aber auch bei meiner Tätigkeit als Philosophiedozentin bei den Ausbildungen von Yogalehrern versuche ich, den Schülern unter dem Motto »Alles ist Yoga« ein Verständnis davon zu vermitteln, dass Spiritualität nicht nur auf der Matte oder dem Meditationskissen stattfindet, sondern erst dann seine volle Wirkung entfalten kann, wenn wir sie in unseren Alltag einbeziehen. Einen ähnlichen Ansatz verfolge ich auch bei meiner Arbeit mit Autoren, für die ich als Coach oder Ghostwriter tätig bin.
www.doris-iding.de
info@doris-iding.de

Informationen zu den Interviewpartnern

Bandelow, Prof. Dr. Borwin: geboren 1951, ist Facharzt für Neurologie und Psychiatrie, Diplompsychologe und Psychotherapeut. Er ist derzeit kommissarischer Direktor der Klinik für Psychiatrie und Psychotherapie an der Universität Göttingen und ein international anerkannter Experte für Angsterkrankungen. Borwin Bandelow ist außerdem Präsident der Gesellschaft für Angstforschung. Weitere Informationen unter: www.borwinbandelow.de

Drewermann, Dr. theol. Eugen: Professor, Psychoanalytiker in eigener Praxis in Paderborn. Er gilt als Pionier und maßgeblicher Vertreter einer tiefenpsychologischen Auslegung der christlichen Glaubenstradition in Exegese, Moraltheologie und Dogmatik. In seinen umfangreichen Publikationen legt er ein Verständnis einer tiefenpsychologischen Neuinspiration für einen existenziell befreienden Glauben dar.

Ennenbach, Dr. Matthias: arbeitet seit rund 20 Jahren in Kliniken, Krankenhäusern, Psychiatrien, psychosomatischen Rehakliniken, privaten Einrichtungen und in eigener Praxis. Er entwickelte die Buddhistische Psychotherapie, die eine »neue« Behandlungsform mit tief reichenden Wurzeln darstellt. Sie möchte Anleitung, Inspiration und Hilfe sein. Weitere Informationen unter: www.BuddhistischePsychotherapie.de

Freund, Lisa: arbeitet seit mehr als 20 Jahren in der Erwachsenenbildung. Sie hat ein abgeschlossenes Hochschulstudium in Politologie und Germanistik, ist seit 1990 Schülerin von Sogyal Rinpoche, einem buddhistischen Lehrer der tibetischen Tradition. Seit 1989 ist sie aktiv in der Hospizbewegung, u.a. als ehrenamtliche Sterbebegleiterin. Weitere Informationen unter: www.lisafreund.de

Kabat-Zinn, Dr. Jon: ist ein amerikanischer Verhaltensmediziner und Meditationslehrer. Sein Programm der »Stressbewältigung durch die Praxis der Achtsamkeit« (MBSR) wird weltweit in immer mehr Universitätskliniken, Krankenhäusern, Gesundheitszentren, aber auch in wirtschaftlichen und politischen Institutionen erfolgreich praktiziert. Weitere Informationen unter: www.mbst-deutschland.de / www.jonkabat-zinn.com

Keller, Stefan: arbeitet seit über 30 Jahren als Allgemeinarzt und klassischer Homöopath in eigener Praxis. Schon früh hat er Psychosomatik und fernöstliche Philosophie, insbesondere den Buddhismus, in seine ärztliche Tätigkeit eingebunden. 1992 hat er die George Vithoulkas Stiftung für Klassische Homöopathie mitgegründet. 1995 hielt er sich mehrere Wochen während einer Studienreise in Tibet auf. Kontakt unter: www.hk44.de

Mannschatz, Marie: lebt heute in Schleswig-Holstein, nachdem sie mehr als zwei Jahrzehnte in Berlin in freier Praxis als Gestalt- und Körpertherapeutin gearbeitet hat. Seit 1978 praktiziert sie Achtsamkeits-Meditation. In den 90er-Jahren wurde sie von Jack Kornfield zur Meditationslehrerin ausgebildet. Seit einem Jahrzehnt unterrichtet sie Meditation in Deutschland, Österreich und der Schweiz sowie am Spirit Rock Meditation Center in Kalifornien. Weitere Informationen unter: www.MarieMannschatz.de

Richard, Ursula: war viele Jahre lang Programmleiterin eines spirituellen Verlags. Gründerin der »Literaturmanufaktur« zur Vermittlung und Betreuung von spirituellen Büchern. Sie ist Übersetzerin, Herausgeberin, Lektorin und Buchautorin. Weitere Informationen unter: www.ursularichard.de

Tausch, Daniela: Dipl. Psych., Autorin, Initiatorin und langjährige Leiterin des Stuttgarter Hospizdienstes (1987–1997). Persönliche Erfahrungen mit Krankheit, Sterben und Tod prägten die Art ihres Wirkens. Zahlreiche Artikel, Bücher, Vorträge, Rundfunk- und Fernsehsendungen machten sie auf diesem Gebiet bekannt. Seit 1997 arbeitet sie in eigener psychotherapeutischer Praxis. Außerdem Seminar- und Vortragstätigkeit, seit Oktober 2001 in Bremen. Weitere Informationen unter: www.seelische-gesundheit.de

Tolle, Eckhart: erlebte mit 29 Jahren eine tief greifende spirituelle Erfahrung, die ihn von der Qual seiner destruktiven Gedanken und seines Ego befreite. In einer einzigen Nacht verschwand sein mit der Vergangenheit identifiziertes Ich und zum Vorschein kam ein tiefer, nicht endenwollender Friede, gepaart mit unglaublicher Wachsamkeit und wundervollem Humor. Die darauffolgenden Jahre verbrachte Eckhart Tolle zunächst mit der Integration dieser Erfahrung, bevor er zum spirituellen Lehrer wurde und mittlerweile Einladungen aus aller Welt erhält. Weitere Informationen unter: www.eckharttolle.com

Troll-Rauch, Dr. Franziska (Pyar): wurde als Franziska Reiter 1960 in Oberbayern geboren, ihre Eltern waren Naturwissenschaftler. Sie wuchs am Rand der Alpen auf und erlebte eine christlich geprägte Kindheit, studierte Medizin und promovierte. Seit vielen Jahren arbeitet sie als praktische Ärztin mit dem Schwerpunkt Homöopathie und Akupunktur in eigener Praxis.

Anmerkungen

1 Auszug aus einem Interview mit Eckhart Tolle für das Buch *Quellen der Heilung*.
2 Dalai Lama: *Zuflucht zur Geduld. Worte für alle Tage*, S. 42.
3 Interview geführt mit Matthias Ennenbach im Juli 2012 zum Thema »Buddhismus und Angst«.
4 Daniel Siegel in: Rick Hanson: *Das Gehirn eines Buddha*.
5 Interview geführt mit Matthias Ennenbach, s. Anm. 3.
6 Namkhai Norbu: *Dzogchen, der Weg des Lichts*, S. 94 (Tibetischer Buddhismus).
7 Gehört habe ich den Satz von Sylvia Wetzel in einem Retreat vor vielen, vielen Jahren.
8 Fritz Riemann: *Grundformen der Angst*, 1974, S. 7.
9 Pema Chödrön: *Geh an die Orte, die du fürchtest*, S. 13.
10 *Der Spiegel. Sonderheft Wissen. Patient Seele.* Nr. 1, 2012.
11 Fritz Riemann: *Grundformen der Angst*.
12 *Psychologie heute compact*, S. 8.
13 *Psychologie heute*, S. 16.
14 Interview mit Borwin Bandelow, 2006.
15 *Vgl. Bandelow*, S. 33.
16 ICD-10 (Internationale Klassifikation der Krankheiten; liegt derzeit in der 10. Version vor.)
17 Interview mit Bandelow, 2006.
18 *Psychologie heute*, S. 8.
19 *Psychologie heute*, S. 11.
20 Interview mit Stefan Keller, September 2012.
21 Interview mit Lisa Freund, geführt im Juni 2012.
22 Matthias Ennenbach: *Praxisbuch Buddhistische Psychotherapie*, S. 165.
23 Interview mit Matthias Ennenbach, Juli 2012.
24 Jack Kornfield: *Das weise Herz*, S. 344.
25 Jack Kornfield hat zu diesem Thema ein äußerst spannendes Buch geschrieben: *Nach der Erleuchtung Wäsche waschen und Kartoffeln schälen: Wie spirituelle Erfahrung das Leben verändert*. Darin wird deutlich, wie viele spirituelle Lehrer überhaupt

erst durch ihre psychischen oder familiären Probleme dazu bewogen wurden, eine spirituelle Praxis zu beginnen.
26 Interview mit Marie Mannschatz, geführt im Sommer 2012 in München.
27 Diese Farbachtsamkeitsübung stammt aus dem Buch von Jan Chozen Bays: *Achtsam durch den Tag. 53 federleichte Übungen zur Schulung der Achtsamkeit*, S. 29.
28 MBSR steht abgekürzt für »Mindfulness-Based Stress Reduction« und wird mit »Stressbewältigung durch Achtsamkeit« übersetzt. Dieses Kursprogramm wurde von Dr. Jon Kabat-Zinn an der Universität von Massachusetts (USA) entwickelt. Grundlage ist die intensive und systematische Schulung der Achtsamkeit. Bei MBSR handelt es sich um eine weltweit erprobte Methode, die Menschen helfen kann, besser mit Stress und stressbedingten Krankheiten umzugehen. Ihre Wirksamkeit wurde in zahlreichen wissenschaftlichen Studien untersucht und konnte für allgemeinen Stress und verschiedene Krankheitsbilder belegt werden. Ein MBSR-Kursprogramm wird meist in 8-wöchigen Gruppenkursen (sog. MBSR-8-Wochen-Kursen) angeboten.
29 Jack Kornfield, S. 107.
30 Interview mit Jon Kabat-Zinn, geführt in München im Winter 2009.
31 Dieses Sutra besteht aus 16 Kontemplationen, die wiederum in vier Gruppen von je vier Betrachtungen unterteilt sind. Die ersten vier Kontemplationen sind dem Gewahrsein des Atems, so wie er sich im Körper ausdrückt, gewidmet. Die nächsten vier Kontemplationen sind den Gefühlen und allem, was wir mit unseren Sinnesorganen wahrnehmen, gewidmet. Die dritte Gruppe beschäftigt sich mit dem Geist, den Bewusstseinszuständen und Emotionen, die wir hervorrufen, wenn wir uns gefühlsmäßig mit unseren Konzepten, Ideen und Vorstellungen identifizieren. Mit den letzten vier Kontemplationen geht man zur reinen Vipassana-Praxis über. Dabei werden die Gesetzmäßigkeiten betrachtet, die allen Phänomenen zugrunde liegen.
32 Siehe dazu Thich Nhat Hanh: *Das Wunder der Achtsamkeit*.
33 Vgl. Jack Kornfield: *Frag den Buddha und geh den Weg des Herzens*, S. 40.

34 Interview mit Eugen Drewermann, geführt 2006.
35 Interview mit Matthias Ennenbach im Juli 2012.
36 R. Hanson: *Meditationen, um das Gehirn zu verändern.*
37 Dalai Lama: *Zuflucht zur Geduld. Worte für alle Tage,* S. 14.
38 Aus dem Buch von Sogyal Rinpoche: *Das tibetische Buch vom Leben und Sterben.*
39 Interview mit Ursula Richard im Juli 2012 zum Thema Angst.
40 Interview mit Daniela Tausch-Flammer, Quellen der Heilung.
41 Interview mit Willigis Jäger, 2007.
42 Interview mit Eckhart Tolle, geführt 2006.
43 Dalai Lama: *Zuflucht zur Geduld,* S. 54.
44 Jack Kornfield: *Meditationen für schwierige Zeiten.*
45 Interview mit Ursula Richard im Juli 2012.
46 Interview mit Franziska Rauch, geführt im September 2012.
47 Interview mit Franziska Rauch.
48 Interview mit Matthias Ennenbach, geführt im Juli 2012.
49 Jack Kornfield: *Das weise Herz,* S. 70
50 Jack Kornfield: *Das weise Herz,* S. 58/59.
51 Dennis Genpo Merzel: *Durchbruch zum Herzen des Zen,* S. 131.
52 Pema Chödrön: *Geh an die Orte, die du fürchtest,* S. 4.
53 Jack Kornfield: *Frag den Buddha und geh den Weg des Herzens,* S. 60.
54 Besonders hilfreich fand ich persönlich die Arbeiten von Rick Hanson und Richard Mendius. Sie sind die Autoren der beiden Bücher: *Das Gehirn eines Buddha* und *Meditationen, um das Gehirn zu verändern.* Die hier vorgestellte Meditation basiert auf den Arbeiten der beiden.

Zwölf Monate Auszeit: unterhaltsam und erkenntnisreich

Authentisch, humorvoll und herzerfrischend offen beschreibt die bayerische Autorin Susanne Seethaler, wie sie sich einen Traum erfüllte und ein Jahr lang versuchte, ein einfaches Leben zu führen: auf einer Alm als Sennerin, als Küchenhilfe bei einem Zen-Meister, im buddhistischen Schweigeretreat und mit TV- und Internet-Abstinenz zu Hause. Sie lernte Menschen mit ganz anderen Lebensentwürfen kennen.

Einfacher zu leben beginnt offensichtlich schon bei persönlichen Gewohnheiten und Erwartungshaltungen. Die Suche nach den Orten der Ruhe im Außen wird so immer mehr zu einer Entdeckungsreise im Inneren.

Susanne Seethaler
Von einer, die auszog, ein besserer Mensch zu werden
256 Seiten mit s/w-Fotos, ISBN 978-3-485-01392-5

Die Essenz des tibetischen Buddhismus

Matthieu Ricard präsentiert die größten Meister des tibetischen Buddhismus mit ihren inspirierenden Schriften und bringt uns ihre Erkenntnisse nahe. Schritt für Schritt eröffnen diese Texte gemeinsam mit Ricards Erläuterungen dem Suchenden einen Weg, um Liebe, Mitgefühl und Achtsamkeit zu entwickeln, und sie zeigen Möglichkeiten auf, eine individuelle Meditationspraxis zu finden.

Während im ersten Teil des Buchs der Geist dem spirituellen Weg zugewandt werden soll, behandelt der zweite die Grundlagen der buddhistischen Praxis. Im dritten Teil kann man diese vertiefen und in der Auseinandersetzung mit den Texten im vierten Teil können innere Schranken und äußere Hürden überwunden werden. Diese Sammlung ist die ideale Begleitung für die persönliche Entwicklung und eine unerschöpfliche Quelle der Inspiration.

Matthieu Ricard
Weisheit
416 Seiten, ISBN 978-3-485-01354-3

www.nymphenburger-verlag.de